JN097492

3人子持ちで起業した理系の主婦が

名もなき家事をサクッと解決します！

香村 薫 著
いしいまき マンガ

実務教育出版

だれかがやらないといけない家事は、
自分がガマンしてやるもの。
そうあきらめていませんか？

そんなことはありません。
名前のない家事にはすべて「原因」があります。
それは、家族の無関心と非効率的なやりかた。

ならば、家族が楽しく参加できて効率的になる
「しくみ」をつくってあげればいいんです。
この本にはそんな「100」のしくみを厳選しました。

どんな環境であっても、
家事がラクになってあなたの笑顔が増えれば
家族は必ずハッピーになります。

さあ、この本で
名もなき家事に
サヨナラしましょう！

はじめまして
香村薫(こうむらかおる)と
申します
愛知県・岡崎市の
マンションに
夫と子ども3人で
暮らしています
すっきり
現在
「ほどよい
ミニマリスト」
として
・おうち片づけ
・家事シェア
(家族みんなが自然と家事をするしくみづくり)
をお客様に「ロジカルに」
アドバイスさせて
いただいています
今回の本では
いわゆる「名もなき家事」を
あるある度順に並べて
それぞれに
解決策を提案していきます
このコンセプトが
生まれた理由には
私のこれまでの人生が
深くカンケイ
していまして……
マンガでご紹介します!

子ども時代
両親は元祖ミニマリスト
目的に合わなければスパッと「買わない」を選択
ものを買うときは必ず比較
真剣
ちらし
ちらし
電球が切れたお風呂に1ヶ月入り続ける
暗ッ
小学生にしてモノに興味のないミニマリストになる
そして……
すーん……
なんで？
ガロゲセのスーパーロジカル女子高生誕生!!
義務教育でない高校からは文化祭や体育祭などの行事に出なくなる
文化祭
なんで出なきゃいけないの？
成人式の着物の代わりに親から車もちろん式には出ない
学生時代ラスベガスへ旅行に行ったのを機にギャンブルの刺激にハマる
そうかお金ってこうやって使えばいいんだ!!

独身時代
イキイキ
仕事楽しい!!
トヨタグループの部品メーカーに就職後企画部署に配属
「女性×車」の研究に従事
「夕方に車に乗ったらスマホから冷蔵庫の中身が見れて近くのスーパーまでのルートをナビしてくれる」機能などを企画
スーパー
持ちまえのロジカルシンキングで入社1年目で特許出願数が全社員中1位に!!
特許
特許
特許

超絶ミニマリスト時代
ダンナも 超絶ミニマリスト!!
新居への引っ越し時旦那の荷物はスーツケース1つだけ
お互い超多忙!!
テキ
パキ
バリ
バリ
7年間で平日の夜一緒に食べたのは5回だけ
そこで……
「捨てる」は正義!!
家事を時短する究極の方法を考案!!
処分
テレビ
テーブル
ソファ
ダイニングセット etc
数年後
ミニマリスト特集～!!
ノートPC
最低限の持ちもので
これまさにうちじゃん!!
すっきりとした暮らし!!
無意識のうちにミニマリストになっていたことに気づく

しかし…
プライベートでは
やることが見つからず
夫婦でスロット三昧
スロット
完全攻略
攻略本をかたっぱしから
読み漁り
ビギナーズラックで
大勝ちしハマる
しかし
結局1000万以上の
マイナス…
それだけでなく
家に
人を招くと……
上司夫妻
すっきりした
家だね〜
そわ
そわ
そろそろ
おいとま
しようかしら
泊まりに来た
両親
な……
なにもない
頭痛が
するから
帰るね…
フルマラソンに出ても
毎週末の外食で
太る
あんなに
走ったのに……
CD数百枚と
コンポを
捨てると……
処分
部屋がシーンという
音がすることに気づく
しーん…
うう…
もう家にいるのが
苦痛……
だから毎週二人
揃ってアロママッサージへ
でも
大出費!

専業主婦時代
わたしが30歳の時
訪れた父の死……
人の最後ってこんなにあっけないんだ……
わたしはこのままでいいのかな……
キャリアよりも家族との思い出がほしいな…
超絶ミニマリストな家は暮らしがすさむよね
がらーん
ははは…
もっと家にいたい！と思える部屋作りをしよう！
一児の母となり専業主婦に家の片づけに専念していると……
すご～い!!わたしにも教えてほしい!!
!
これって仕事になるかもしれない!!

ほどよい
ミニマリスト
時代
ライフオーガナイザー
（片づけの専門家）
として独立!!
ほどよい
ミニマリスト
爆誕!!
じゃーーーん!!
モノを感情でなく
数字で管理する
「トヨタ式おうち片づけ」
を考案
だから
香村家には
「名もなき家事」の
概念がありません
2 6 1 8 0
トヨタ式
すべての家事に
「数字」と「しくみ」があれば
あいまいにする家事
なんてないのに！
と思っています
麦茶

しかし
周囲に
名もなき家事で
消耗する人が多い
ダンボール
捨てるのって
けっこう疲れる
のよね
シャンプーは
永遠に切れない
って思ってるの
かしら……
そもそも
やってくれてる
ことに
気づいても
くれない
はいっ!!
おまかせあれ!!
わたしが
解決
してみせます!
ぐっ
持ち前の
分析力と
ロジカルシンキングで!!
のべ一万回を超える
やりとりをインスタの
フォロワーさんたちと
行い
その結果…
100の名もなき家事をリストアップ
↓
あるある順にランクづけ
↓
しくみ化しやすい
解決法を提案!!
読者の方々の
お役に
立ちますように!!

Namonaki
Kaji
Sousenkyo

名もなき家事
総選挙

家族構成の違いもあるし、
そもそもすべての家事をカンペキにこなすなんてムリ。
なので一部、あえて「ツッコミどころ」も入れてみました。

ぜひ、「ウチならこの問題、どう解決する？」と、
家族みんなで答え合わせしながら読んでみてください。

解決策に対するママのリアクション

目からウロコ。
文句ナシの
100点満点！

これいいかも！
ウチでも
試してみよっと。

う～ん、ちょっと
ウチには
向かないかな…。

第 1 位

第 20 位

#名もなき家事 総選挙 第1位

子育て

永遠に終わらない子どもの麦茶作りに翻弄される

子どもが小さいうちは一年中必要な麦茶。特に真夏は水筒を一人で２本持って行くことも多く、麦茶作りで一日が終わってしまうことも。冷蔵庫は麦茶でパンパン、パックのストックが切れそうになるとかなり焦る。夏が来るのが怖い……。

問題の本質はズバリココ！

麦茶ができるまでに時間がかかりすぎる

問題

これで解決！

いっそのこと、水にする

毎回 **70分** 時短！

水でも意外と
気づかれない。

水道水を「ブリタのポット型浄水器」に入れて冷蔵庫で冷やします。すでに何か月も行なっていますが、子どもたちは水筒の中身が水に変わったことに気づいていないかもしれません（笑）。

ママの声

はい！ はい！ この方法に100万票！ 水にするだけで、水筒の茶渋取りからも解放されますね!!／yuko_yutsukiさん

わが家も麦茶でしたが、作り忘れて水にしたらそれ以来「水がいい！」と言われてバンザ〜イ!!／acco1863さん

#名もなき家事
総選挙
第2位
片づけ

余ったケーキのクリームをラップに持っていかれスプーンでかき集める

1、2ピース余ったケーキをラップして翌朝食べようと思ったら、上のクリームがラップに持っていかれて、ほぼスポンジだけ状態になることがしばしば。我ながら貧乏くさい行為にむなしくなる…。

問題の本質はズバリココ！

どうしてもクリームがラップについちゃう

問題

これで解決！

タッパーウェアを上下逆さまに使う

イライラ
95%
カット！
これぞ
逆転の発想。

深いタッパー容器の上下を逆さまにしてフタの上にケーキを置き、その上から容器をかぶせます。だから、何が入っているかが一目瞭然。冷蔵庫の中で重ねて収納できるのも、見逃せないメリットです。

ママの声

お皿の上ににタッパーやボウルをかぶせて使っていたけど、そっか！ そもそもフタの上に乗せればよかったんだ!!／mi.n.a.naさん

クリスマスにやりました！ クリームがケーキにつかないし、とてもよかったです。／usyagisyanさん

毎日大量の洗濯物をさばくため洗濯機の前につきっきりになる

#名もなき家事 総選挙
第3位
洗濯

洗っても洗っても終わらない洗濯。ふと「たいして汚れてもないのに入れてない…?」とイラっとします。特にタオルの多さ！ かさばるので一度で終わらず、次に洗濯機が回せるようになるまで夜中に待たされることも…。

問題の本質はズバリココ！

洗濯物の「かさ」が増えすぎ

問題

これで解決！

バスタオルをフェイスタオルに替える

毎回**20分**時短！

フェイスタオルで
プチイノベーション。

洗濯物の量が減るのはもちろん、かさが劇的に減るため、干す手間もスペースも最小限に。乾く時間もたたみ方も統一できるから、時短効果も生まれます。

ママの声

これ、本当にいい！うちも10年くらいバスタオルのふだん使いをしていません。どうしても心もとないなら、少し大きめのフェイスタオルを使えば干すのにも困りません。／kumicon83さん

すでに実行ずみです！少し長めのフェイスタオルを愛用しています。／uk_502さん

裏返しのまま洗濯機に入れられた靴下をいちいちひっくり返す

#名もなき家事
総選挙
第4位
洗濯

裏返しの靴下（特に５本指靴下やスポーツ用厚手ソックスは手強い！）を表に戻すのって、とっても面倒。「なんで脱ぐときに表にできないの？」しだいにつのるイライラ…。

問題の本質はズバリココ！

「ママが元どおりにしてくれる」という甘ったれた考え

問題

これで
解決！

裏がえしのままたたむ

イライラ
90%
カット！

「使う人が履くときに戻す」をルール化。ズボラな家族が裏返しのまま履いていっても、次回は自動的に表側になるから大丈夫。左右のないモノ、裏表がわかりにくい靴下を選ぶのも手ですね。

ママの声

脱いだ人が脱いだようにたたむ。これ、極意ですね！さらに靴下は全部同じものに揃えているので、左右のペア探しも必要なくなりました。／o0.yucco.0o さん

裏返しにした人が直すべきですものね。わが家は夫の靴下が黒のシンプルなものなので、表なのか裏なのかがわからずたたんでいます（笑）。／o2aky0n さん

ハンガーにかけた衣類がずり落ちてしまい何度もかけ直す

＃名もなき家事 総選挙 第5位 洗濯

この服いつもハンガーからずり落ちるのよね
ずるっ
!
ああぁ〜〜!! またずり落ちてる〜
ずるっ
ずるっ

ずり落ちた服をもとに戻そうとして隣のハンガーにさわってしまうと、今度はその衣類が落下。それを拾おうとしてさらに隣のハンガーに触れてしまい、ドミノ式にずり落ちていく…。

問題の本質はズバリココ！

プラスチックハンガーは安いがずり落ちやすい

問題

これで解決！

落ちづらい「マワハンガー」を使う

イライラ70%カット！

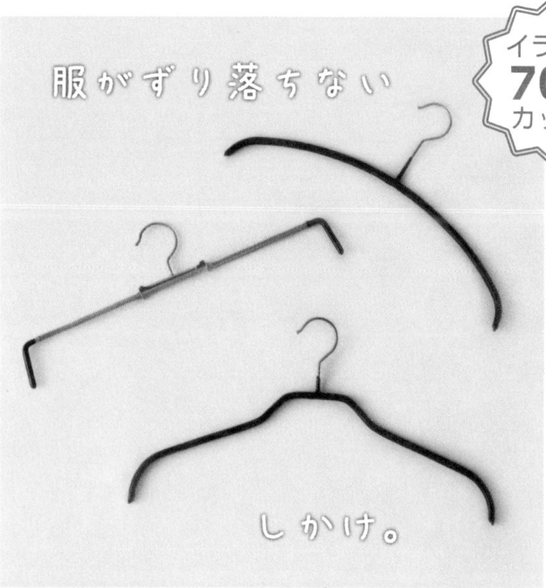
服がずり落ちない
しかけ。

ドイツ製のMAWAハンガーは、とても滑りにくい素材。ハンガー自体も薄いから、これに統一するだけで干した衣類の距離にゆとりがでて、衣類同士の摩擦による落下が激減します。

ママの声

どうしても落ちるのがイライラする人にはいいと思います。私は普通のハンガーですが、服と服の間を5cmくらいスペースを空けてかけると、めったに落ちません。服はハンガーから素早く取りたいし、素早くかけたいので普通のハンガーです。／anmitsu_interior_musicさん

ハンガーを買わない、という節約からすると腰が重いですが、便利さを時間で買うと思えば。／nonno.noeriさん

#名もなき家事 総選挙 第6位 片づけ

郵便物を分けて いらないものを捨てる

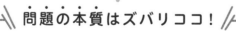

毎日どっさり来る郵便物。仕分けるのが面倒だから、とりあえず部屋のカウンターに。そこにはすでに数日間の郵便物がどっさり…。中には重要な郵便物が混ざっているかも…と思うと、見ないで捨てるなんてとてもムリ！

問題の本質はズバリココ！

いらない郵便物の9割がかさばる封書

問題

これで解決!

いらない郵便物に「受取拒絶」と書いてポストに投函する

イライラ
80%
カット!

「受取拒絶」という文字と「押印または署名」を行ってからポストに投函(窓口でも可)することで、差し出し人に返還されます。開封後は対象外になってしまうのでご注意を。

ママの声

私もやっています。お役立ち度100点満点ですね!/o2aky0nさん

初めて知りました! 赤で書いてそのまま送り返すということですね。/smile_aduさん

一切れだけほしい
レモンやライムのために
まな板と包丁を使い、洗う

＃名もなき家事
総選挙
第7位
料理

レモンやライムって、意外とレシピ本の登場回数が多い食材の代表選手。でも、どれも使うのってほんのひと切れ！ いちいち包丁とまな板が汚れるうえに、残りをラップしたら存在忘れて腐ってるし。せっかく国産の高いやつ買ったのに…。

問題の本質はズバリココ！

料理での登場回数が多い割に、一度に使う量が少ない

問題

これで解決！

大量に買って一気にカットし冷凍保存しておく

イライラ
90%
カット！

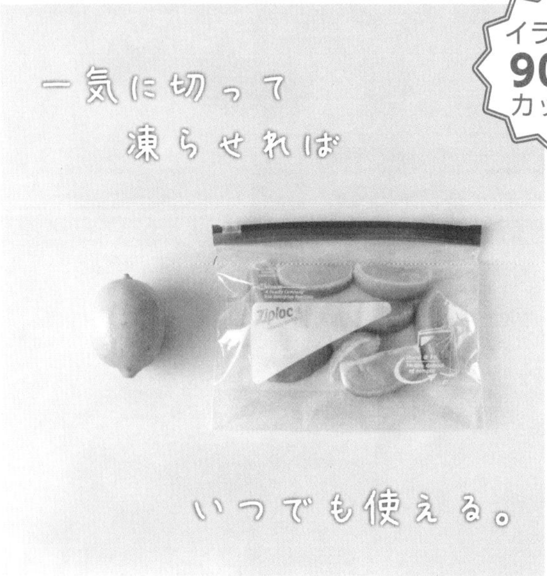
一気に切って
凍らせれば
Ziploc
いつでも使える。

冷凍レモンは味が薄まらないから、ドリンクやお酒の氷がわりに重宝します。自然解凍の途中で水分と一緒に果汁も出るので、絞りが不要で手も汚れません。くし型切りにしてジッパータイプのジップロックで保存が吉。

ママの声

天才の発想ですね！ やってみます！ 使う量はひとかけらであっても、残りを腐らせずにすむのは助かります！／kaaan.chiさん

レモンやライムが冷凍できるとは知りませんでした！ いつも半分くらい使って腐らせてしまっていたので、さっそくやってみます！／yo_iduさん

#名もなき家事 総選挙 第8位

子育て

「出ていきなさい！」で本当に出て行った子どもを探しに行く

コラッ 弟泣かさないの！
オレ悪くないもん!!
イーッだ！
わーん
謝れない子は出ていきなさい!!
わーっ
バン!
といって本当に出ていかれても困るのよねー!!

「そんな子は出て行きなさい！」からの本当に出て行った子どもを探しに行くぶざまさといったら…。ようやく見つけて「こんなところで何やってんの！」と言っても「お母さんが出て行けって言ったんじゃん」。くー、何も言い返せない…。

問題の本質はズバリココ！

本当に出て行ったら危険すぎる

問題

これで解決！

自分が出て行く（フリをする）

毎回 **15分** 時短！

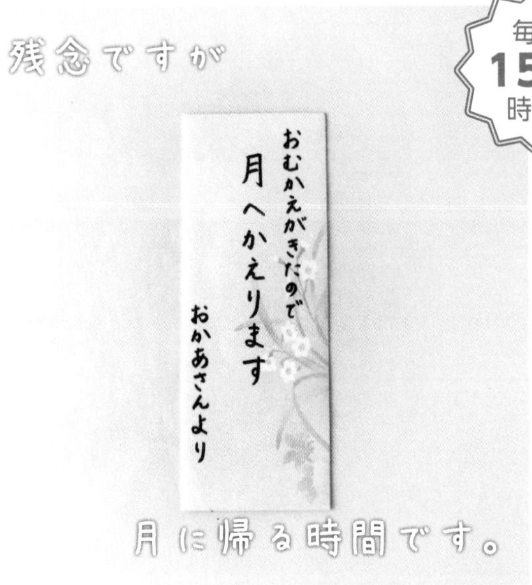
残念ですが
おむかえがきたので
月へかえります
おかあさんより
月に帰る時間です。

私が小さいころ家で言うことを聞かないと、母はいつも「残念ですが迎えが来たので月に帰ります」と女優顔負けの熱演で出ていこうとし、逆に私が止めていました。

ママの声

月の話、使わせてください！ ママはオニに連れていかれるとか、出ていくから！と印象悪かったので。／kaaan.chiさん

子どもが出ていくのは困るけど、自分なら何とでもなりますもんね。「月に帰る…」って（笑）。／ayusupi62さん

#名もなき家事
総選挙
第9位
片づけ

あと二口で食べきれる量のおかずを残され保存容器に入れ替える

この微妙な量をどうして残そうと思ったのか？ 食材と生産者への感謝はないのか?? 洗い物が増えるという想像力はないのか??? …家族に対してイライラ。でも、私が食べると太っちゃいそうだし…日々葛藤の連続。

問題の本質はズバリココ！

詰め替え×洗い物増加×体重増加によるストレス

問題

これで解決！

最初から「iwaki」のガラス保存容器に入れて食卓に出す

イライラ
70%
カット！

お皿の代わりに「iwaki」のガラス保存容器に盛りつけて食卓へ。ガラス製だから、電子レンジ＆オーブン＆食洗機に対応。食後はフタを閉めて冷蔵庫へ。積み上げられるのでスペースも確保できます。

ママの声

保存容器をそのまま使って出すって、ナイスアイデア！ほんの少しだけ残ったのなら、残った分はシリコンカップかレンチンOKの使い捨てパックに入れて、翌朝チンしてお弁当箱に入れるのもいいと思います。／tomokokitahalaさん

そのまま出して問題ない容器を使って、またフタをするっていう案、いいと思います！／anmitsu_interior_musicさん

#名もなき家事 総選挙 第10位
片づけ

食後のまったりムードの中食べ終わった家族の食器を流しへ運ぶ

食べ終わってからの、テレビを観るまったり時間。誰も立ち上がらないから、ついつい自分も座ったまま時がたつ…。「テレビばっかり見てないで、食器運んで!」の声がけするのも私の仕事なの?

問題の本質はズバリココ!

立ち上がる気力を失わせる食後のまったりムード

問題

これで解決！

立って食べれば自然と運ぶ

家族のヤル気30%UP!

立って食べることで、調味料を取ったり食器を下げたりを、自然と自分でするようになります。また、立ち食いは消化吸収が良く、ダイエット効果もあり、満腹感が得られやすいメリットも。

ママの声

キッチンカウンターの横で立って食事を食べることに早速挑戦してみました！4歳児はすぐにギブアップ。7歳児は半分ぐらい食べて終了でした。でも、そこに時間短縮以上に食器の後片づけに目的がある。さすが何歩も先を行くアイデアだと思いました。／tome_ito さん

学校では座って食べるので、言ってわかる子なら良いのですが、公共の場で「うちは家でも立って食べてるもん！」って言われたら、何も言えなくなりそう…。／azu0238 さん

#名もなき家事 総選挙 第11位

子育て

毎晩ゲームにのめり込む子どもをエンドレスに注意する

いったんゲームをやり始めると、止まらない子どもたち。それをソワソワしながら時間チェックするのは私の仕事？ こんなことで子どもに怒って悪者になるのも嫌だし…。自分たちで時間を管理してくれ〜！

問題の本質はズバリココ！

子どものゲームを頭から否定してしまう

問題

これで解決！

「ゲームは朝7時まで。やりたかったら早起き！」とルール化する

イライラ90%カット！

早起きの習慣もついて
一石二鳥。

「ゲームは朝だけ！7時まで！やりたかったら早起きしようね」とルール化。わが家の3人の子どもたちは夜8時に「明日起きるのが楽しみ〜」と言って早寝。朝5時起床になりました。

ママの声

うちもまったく同じルール！ ゲームをやりたい子どもたちは、20時に就寝しています!!／yo_iduさん

これ、イイ!! テレビを観るのと同じで、だらだらやってしまいますもんね！／cleanup_angelsさん

＃名もなき家事
総選挙
第12位
子育て

小学校入学式の翌日に持っていく持ち物すべてに名前を書く

子どもの学校用のおはじきに、ピンセットで名前シールを貼る作業、家族構成や家までの地図を書類一枚一枚に書く作業…想像以上に疲れます。夫からは「腱鞘炎になりそう」。入学式での感動が一気に吹き飛んでいく…。

問題の本質はズバリココ！

書く量とシール貼りの細かい作業がハンパない

問題

これで解決！

名前書きの時は パーティのノリでやる

家族のヤル気 50% UP!

夫婦で一緒にやっても3時間かかりました。名前がついた小さいシールを剥がし、小さなパーツにピンセットで貼っていくのが地味に疲れます。気が引けるほどの高カロリースイーツを用意して、集中力を切らさずに一気にやり切りましょう。

ママの声

今年保育園入園予定で、名前書きがユーウツだったので、絶対採用します！／olive_pan7さん

名前書きという先が見えない辛さも、夫とシェアして楽しめれば最高!!／karinkaryonさん

茶碗にこびりついた カチカチのご飯粒を 全力でこそぎ取る

#名もなき家事 総選挙
第13位
片づけ

これ、洗い物をあまりしない人には絶対にわからない苦労。カチカチのご飯粒が指に触れて「痛い!」っていうとき、なんだか空しくなる…。さらに乾いた納豆なんかがこびりついていると、思わず現実逃避したくなるっ!

問題の本質はズバリココ!

山積みの食器による やる気の消失

問題

これで
解決！

茶碗の数を最小限にし、食後すぐに水に漬けるようルール化する

イライラ
80%
カット！
食べたら
水に漬けよう。

小さいお子さんなら、おにぎりもいいですね。食後は水に漬けやすいようにシンク周りにスペースを確保し、油汚れものと混ぜないよう分けておくことも時短になります。家族に一度、カピカピのお茶碗を洗ってもらうのも手。

ママの声

お皿がなければ洗うしかないので、減らしてからはそもそも放置しなくなりました！「食後は食器を水につける」は3歳5歳の子どもたちもやってくれます。実感しているし続けられます！／ayusupi62さん

茶碗の登場回数を減らして、ワンプレート風に盛りつけています。茶碗メニューのときは「こびりついた米粒をよく洗ってね～」とサラッと伝えます。／meeemiii829さん

#名もなき家事
総選挙
第14位
洗濯

干した靴下がペアになる組み合わせをちまちまと探す

洗濯し忘れていないか？と、干すときにペアを確認、取り込んでからも確認、最後にどこかに落としてないか？とたたむ時に確認。ペア確認にどれだけ神経使わなきゃいけないのよ…。

問題の本質はズバリココ！

干す・たたむの二度もペアを気にするのがめんどくさい

問題

これで解決！

干す時に一緒のピンチに挟む

イライラ
70%
カット！
ペアで干す。

たたむ時間を短縮するために、ペア用品は一緒のピンチに干し、取り込む際にペアごとにその場でたたんでしまうのがオススメです。どうしても乾きにくい素材の場合は、隣のピンチに並べて干して取り込むときにたたんでしまいます。

ママの声

これも実践しています。干した状態からすぐに履けますし、究極のずぼらです。／miyurinasmileさん

これ、実践しています。一番楽ですよね。ピンチから外すときにそのままくるっとたたんじゃいます。／mazumakikoさん

空になった洗剤や柔軟剤をこまめに容器に詰め替える

#名もなき家事
総選挙
第15位
あるある

シャンプーや洗剤の詰め替えって、地味に面倒。よそ見してるとすぐあふれるし、泡だらけのまわりを掃除する自分も嫌になる…。たまに家族が手伝ってくれた！と思ったら、詰め替えパックはそのまま。ちゃんと捨てるところまでやってよ！

問題の本質はズバリココ！

容器への移し替え×移し替えた後のパッケージ処分が面倒

問題

これで
解決!

詰め替え容器のまま使える「詰め替えそのまま」を使う

毎回
5分
時短!

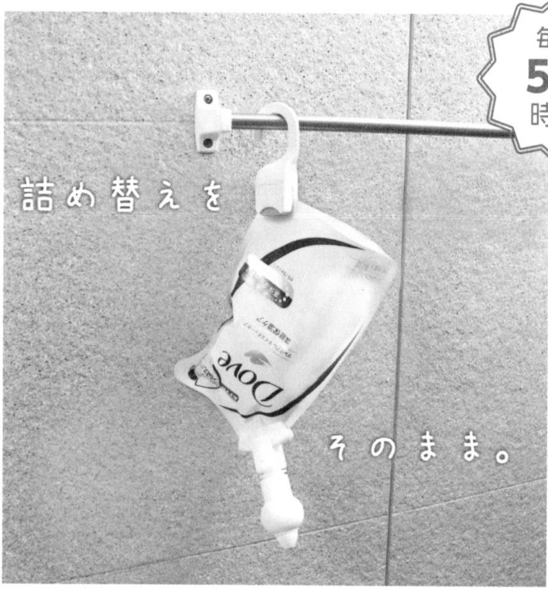
詰め替えを
そのまま。
Dove

「詰め替え容器をそのまま使う」専用グッズを使えば、ボトルの底が水アカで汚れることもありません。適量を簡単に出せるので、子どもでも使いやすいです。

ママの声

これ、すごい楽ですよね。見た目が気になればオサレな詰め替え使えばいいだけですし。／kumicon83さん

地味に面倒くさい家事トップ3の中にはいります。そのまま使えるなら絶対ラクですもんね。／yo_iduさん

浴室や洗面台の排水溝にたまった髪の毛をしぶしぶ取り除く

#名もなき家事
総選挙
第16位
掃除

毎日毎日、出るときに捨てようと思ってつい放置。お風呂に入りながらも黒い物体から目が離せず気分が下がる。これ、家族はみんな気にならないのかしら？ その掃除は決まって私…。

問題の本質はズバリココ！

もはや正体不明の黒い物体を触りたくない

問題

これで解決！

風呂場を出たところに小さめのビニール袋をセットしておく

イライラ
70%
カット！

お風呂の横に
ビニール袋。

浴槽の中からでもサッと取れる位置にビニール袋を置いたところ、みんな意識して取り除くようになりました。単に濡れた毛を素手で触るのが嫌だったんだな、と実感。

ママの声

とってもいいですね！重い腰が軽くなります。ビニール手袋で取ってひっくり返してポイでもいいかと思いました。あ、ビニール袋でも同じことか。／perry_tm_handmadeさん

お風呂入り口横に洗濯機があるので、そこにビニール袋をひっかけています。サッと手を入れてゴミを取れればストレスたまらないですね！／yururi.lifeさん

気づいただけの夫から言われてする赤ちゃんのオムツ替え

#名もなき家事
総選挙
第17位
子育て

特にウンチのオムツ替えを見て見ぬフリする様子の腹立たしいこと。わざわざ「ウンチじゃない?」って言うくらいなら率先して替えんかーい！「かわいい」と連呼するわりに、オムツ周りの世話になると一気に無関心になるダンナ…。

問題の本質はズバリココ！

交換するのがイヤで気づかないフリ

問題

これで解決！

オムツ替えのタイミングに気づかなかった方が交換する

家族のヤル気 **40%** UP!

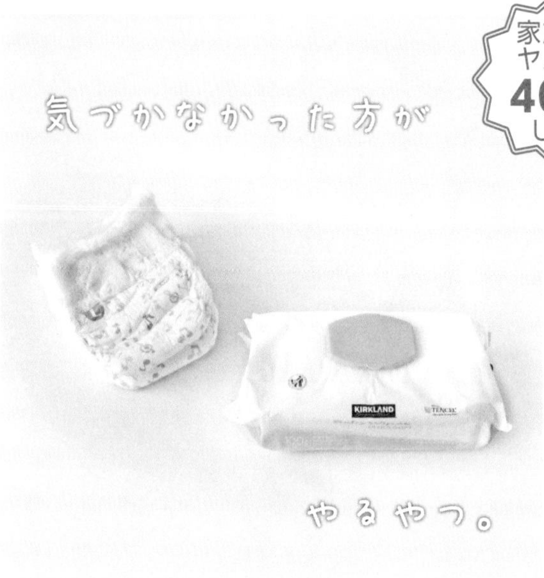
気づかなかった方が
やるやつ。

「ウンチかも」と気づくためには子どものそばにいないといけないため、自然と子どもと遊ぶようになります。逆に相手がスマホを見ていると、ここぞとばかりに「はい！ 臭います！」と申告できるのでラクになります。

ママの声

すごい！ とてもいい！ 名もなき家事って「気がついた人が負け」だと思っていました。うちのダンナはとにかく気がつかない人。でも、今日からは「気がついた人が勝ち」ですね。／bambi15oさん

面白い発想！ さっそく提案してみましたが、わが家の夫はそのルールには乗ってくれませんでした…。別の部屋に逃げこむと、たまーに変えてくれます。／marina_kagamiさん

#名もなき家事 総選挙

第18位

片づけ

家族全員が食事を終えるまでひたすら待ち続ける

自分はとっくに食べ終わってるのに、子どものダラダラ食べにつき合う時間…。たまに夫だったりすると、つい「ねえ、洗い物したいんだけど！」と怒鳴りたくなる…。

問題の本質はズバリココ！

全員食べ終わらないと食洗機をONできないジレンマ

問題

これで解決！

家族みんなが好きな時間に食べ、寝る前に食器を洗う

毎回**15分**時短！

同じテーブルを囲んでさえいれば、平日の夜ごはんは好きな時に食べてOK、というしくみ。食べる人、読書する人、宿題する人とさまざま。土日はみんなそろって「いただきます」と「ごちそうさま」を意識します。

ママの声

食事のあとに団らんタイムを作れるならアリ。子どもも忙しいのでおのずとそういう方向になるし、こだわりすぎも大変ですものね。／kaaan.chiさん

うちはもうずっとこれです！外食時以外はそろって食べていません。こどもが食べている間に家事をしているので、特に平日夜は寝かしつけまでスムーズに進みます。／anzenharukaさん

家族に存在を忘れられたキッチンの換気扇をやっとの思いで掃除する

#名もなき家事 総選挙
第19位
掃除

換気扇に手が届かず、プルプルしながら取りつける、定期的に取り換えをし、油まみれのフィルターを掃除する…。すっごく疲れるわりに家族のだれもほめてくれないし、そもそもこの掃除が存在することすら知らないはず…。

問題の本質はズバリココ！

できれば見て見ぬフリをしたい掃除場所

問題

これで
解決!

電気圧力鍋とオーブンレンジだけで料理する(コンロがいらなくなる)

毎回
20分
時短!

コンロ(からの換気扇も)
やめてみた。

リフォームして掃除が面倒なコンロと換気扇を撤去。もとの場所には料理中に使いたいラップや、調理家電の電源コードなどを置いています。油モノがないので、掃除はほぼゼロに。揚げ物・焼き物などの料理は、外食にアウトソーシングしています。

ママの声

コンロをなくすというのは、場所の有効利用という点で素晴らしいと思います。香村家はキッチンの背面に収納がないお宅なのかな? と思っていたのですが、換気扇の場所が収納だったんですね! 掃除もなくて憧れます。これから家を作る人にも知ってもらいたいです。/tome_itoさん

それ、すごいですよね。「ドS」ですよ(笑)。さすがにその勇気はないかも…。試せないので申し訳ありませんが、その発想のとんでもなさに一票入れさせていただきます。/tomokikitahalaさん

#名もなき家事
総選挙
第20位
洗濯

汚れが多い時期の掛け布団のシーツをズレないようかけ替える

掛け布団がズレないように四隅をひもで結んだりと毎回時間がかかる。布団をくるむ形状なので洗濯物の量が多くなって地味にタイヘン…。たまにタテとヨコを間違えてセットしようとして、途中で気づいてやり直す自分がイヤになる…。

問題の本質はズバリココ!

すっぽりと覆う布団カバーの装着が面倒

問題

これで解決！

ボックスシーツをかぶせ旅館の掛け布団ぽく使う

毎回
10分
時短！

シングルタイプの羽毛布団に、ダブルサイズのボックスシーツ（端ゴムタイプ）を被せて掛布団カバー代わりに使っています。トイトレや胃腸風邪、やたら鼻血が出る時期の期間限定でもいいですね。洗濯量が減ります。

ママの声

これ、思いつきませんでした。洗濯したら素早くかぶせる裏技とか検索して頑張っていましたが、もうその裏技すら必要ない！四隅のボタンやひもを結ぶ手間もなし！もはや革命です。ただ、見た目がすこしだけ惜しい!!／ern.homeさん

すごい！やってみたい！子どもたちが面白がって中に入りこんだり、シーツをはがされてしまうのではという心配はありますが。／anmitsu_interior_musicさん

1～20位までを振り返って

「わかる！」「うちもそれで困ってる!!」と、私もフォロワーさんたちも全員が納得のトップ20位。
これぞまさに、主婦の皆さんが「モヤッ」としている真の名もなき家事ランキングだと感じています。

その中でもトップ3は**“簡単に実践できて効果が絶大！”**という項目です。

第1位なんて、私自身**「いままでお茶作りに忙殺されていてた日々は何だったんだ…」**と思います。

「持ち物：お茶」と書いてあると**「絶対に“お茶”を持って行かないといけない」**と思い込んでしまっていた自身の「思考停止」を深く反省。
「まだまだ減らせる『名もなき家事』はある！」と、がぜん私のプロ魂に火がつくきっかけとなった項目でもあります。

第10位の解決策にはなかなか賛同を得られないかと思いきや、意外と**「朝食だけならアリかも！」**と実践してくれる方が何人もいらっしゃいました。

ほかの項目もそうですが、「絶対に毎回このルールで！」とガチガチにルール決めするより、**「週に1回だけ試しにやってみよう！」**と気軽にトライしたご家庭ほど、個々のライフスタイルに合った解決法を作れているみたいです。

第21位

第40位

#名もなき家事 総選挙
第21位
片づけ

昨晩放置してしまったシンクの洗い物を後悔しながら洗う

一番下に鍋、フライパンなどの調理機器、その上に食べ終わった食器の順番で積み上げられた光景はまさしく「山」。朝起きてその光景を見るたびに、昨夜サボってしまった自分を呪う…。

問題の本質はズバリココ！

洗う気を失わせる鍋やフライパンのかさばり

問題

これで
解決!

調理機器の洗い物を最小限にする

毎回
10分
時短!

クックフォーミーやホットクックなどの電気圧力調理鍋を使えば、鍋ぶたやおたまの洗い物がなくなります。食器をワンプレートにして、洗う食器の数も減らすように心がけています。

ママの声

これはお役立ち度満点だと思います。食洗機を置けない仕様のわが家では、レンチン料理をもっと増やしたい!/o2aky0oさん

パスタをレンチン用ケースでゆでています。気軽にパスタを食べられますし洗い物がすごく楽になりました!/kotaniyuko83さん

床に散らばった子どものオモチャをエンドレスに拾い上げる

#名もなき家事
総選挙
第22位
子育て

床に散らばっているオモチャを拾い上げる作業って、腰にじわじわ効いてくる。しゃがむ→拾う→立つを繰り返すうちに、「なんでこんなに散らかすの?」とイライラに変わっていく…。

問題の本質はズバリココ!

床から拾い上げる動作が腰にくる

問題

これで
解決!

大人基準の腰高空間を確保しそこにオモチャを置く

イライラ
70％
カット!
オモチャは
床に置かないのが鉄則。

押し入れの上段、収納棚の腰高空間、テーブルの上など、大人の腰高程度の空間にオモチャを広げます。小さいパーツの誤飲を防ぐ効果も。子どもが小さい時期だけ、と割り切ってしまうのも手ですね。

ママの声

うちは掃除機をかけるときにオモチャを隅に集めています。そして子どもたちに「このままだと掃除機に吸われちゃうよー」と声をかけて拾わせています。／yo_iduさん

ゴールデンゾーンを子どものオモチャ置き場に使うのはもったいない気もするけど、それで床がスッキリするならアリかもしれませんね。ayaco46_21さん

#名もなき家事 総選挙
第23位
料理

作った料理を一人で全部テーブルまで運ぶ

ご飯がキッチンにある段階で「ご飯できたよ」と言うと「まだじゃん」。…料理を運んで取り皿とお箸をセットするまでが私の仕事？ ここはレストランじゃないっつーの！

問題の本質はズバリココ！

食事の用意に対する家族の受け身

問題

これで解決！

すべての料理をよそう条件つきでビュッフェ方式にする

家族のヤル気
20%
UP!

わが家は毎日
ビュッフェですが
何か？

ビュッフェ方式だと嫌いなものを避けてしまうので、必ず野菜も取ること、バランスよく盛りつけることの二点をルール化。洗い物自体と食べ残しが減ります。タッパーで陳列すれば、再加熱や冷蔵保存もフタをするだけで可能です。

ママの声

ワンプレートにして自分で食べられる分をよそえば、食べ残しがなく、食器を洗う量が減って家事としては楽になりますね。タッパーなら残り物もそのまま冷蔵庫へ入れられるし。ただ、好きなものしか入れない息子にイラっとしたのと、タッパーからよそうことに旦那がいやそうだったのがちょっと残念。／makiko.ranranさん

さっそく検証！「食堂みたい～」と言いながら”まずは自分で使う箸を取る”からスタート。そうか！もう食卓に箸を並べなくてもいいんだ！と発見。この方式ぜひ取り入れます！ただ、3歳男子にはまだ難しいのと、キライな野菜を避けがちになるのがたまにキズ。／ern.homeさん

ハロウィンなど ほぼ一日で終わる イベントに手間をかける

#名もなき家事 総選挙 第24位 子育て

もうすぐハロウィンか～
カレンダー
お菓子の準備
衣装の準備
飾りつけ
Halloween
なんかやること多くて疲れそう……
でも何もしないのもかわいそうだしどうしよ～

子ども同士の季節行事の集まりのために、お菓子や衣装、飾りつけを手伝ってほしいと言われることの多いこと。かといってうちの子だけ何もしないのもかわいそうだし…。

問題の本質はズバリココ！

年１回の行事なのに コスパ悪すぎ

問題

これで解決！

季節のイベントはアウトソーシング（無料イベントに参加）する

イベントごとは
まるっと
アウトソーシング。
Happy Halloween

毎回
30分
時短！

クリスマスツリーや節句の飾りを持ちたくないので、地域のイベントに積極的にGO。毎年いろんな場所をめぐるので、子どもたちも記憶に残って満足してくれます。

ママの声

いまは大変な時期。頑張ろうとすると空回りします。他の人に頼る!!／napototonoeruさん

年間イベントの棚卸というか、自分にとって好きなイベントは何か？を俯瞰するのってすごく大事だと気づきました。／tome_itoさん

#名もなき家事
総選挙
第25位
子育て

「入浴後に子どもの体をふいても自分の水滴でまたぬれる」を繰り返す

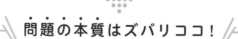

子どもがよちよち歩きの段階になっても、お風呂に入れるのはまだまだ大仕事。先に子どもをふいてあげなきゃ！ でも私の髪がぬれてるから、ふいてもふいても子どもに水滴が！子どもをふき終える頃には、とっくに自分は乾いている…。

問題の本質はズバリココ！

子どもより先に自分をふくのが後ろめたい

問題

これで
解決！

吸水性の高い「エアーかおる」で自分の体をふいたあと頭にタオルを巻く

毎回
3分
時短！

子どもと一緒の
お風呂のお供に。

入浴後、お風呂の洗い場で自分をサッとふき、頭に「エアーかおる」を巻き、子どもをふいて、脱衣所に出る。このタオルのおかげで髪から水が落ちてこないので、いつも大助かり。

ママの声

吸水性の良いタオルであれば何人もふけて、洗濯物も減るので一石二鳥ですね！／anmitsu_interior_musicさん

何も言うことありません！ 娘が赤ちゃんの頃にこのタオルに出合いたかったです！／azu0238さん

#名もなき家事 総選挙
第26位
片づけ

たたみ終えた洗濯物を乳児に台なしにされすべてたたみ直す

せっかくたたみ終えた洗濯物の山を平気でなぎ倒す乳児。めちゃくちゃショックだけど、怒りのやり場がない…。もしやたたみ終えるの待ってた？ と思うくらい絶妙なタイミングで崩しにくるのがスゴイ！

問題の本質はズバリココ！

小さな子どもはみんな洗濯物クラッシャー

問題

これで
解決！

立ってたたみ、腰高の棚やテーブルの上に置く

立ってたためば
さわられない。
イライラ
85％
カット！

立ってたたむことで一気にスピードUPします！ また、腰高のテーブルに置くことでそのスペースを生かすために、収納場所に戻しに行くようになります。子どもが1歳程度のときだけ、と割り切るのも手。

ママの声

わが家でも実践しています。洗濯物は座ってたたむと動きたくなくなる！／o0.yucco.0oさん

間違いないです!! 棚の上に避難させていると心が穏やかでいられました。／a3i6さん

#名もなき家事
総選挙
第27位
料理

昼ごはん後の眠い頭で晩ごはんの献立を考える

食事の洗い物をしながら、もう次の食事のことを考えるエンドレスな家事。何が食べたい？ と聞いても、「なんでもいいー」しか返ってこない。家族が喜んでくれて、かつ栄養とか節約とか安いとか時短とか考えるの、ホント疲れる…。

問題の本質はズバリココ！

限られた時間で毎日違う晩ごはん作るのマジムリ

問題

これで解決！

料理本を家族に渡し食べたい料理にふせんを貼ってもらう

家族のヤル気20%UP!
食べたいやつに
大根&白菜8変化レシピ
フライド大根
大根グラタン
ふせん貼ってね。

これはムリ！というレシピに×をつけてから本を渡すのがポイント。自分だけのレパートリー集を作って、その中から選んでもらうのも◎。家族の要望を叶えているのでみんながHAPPY!

ママの声

料理本は「買って満足」みたいなところがあったので、ふせんを貼ってもらい献立を計画的に考えて買い物すればかなり時短になるし、「最初だけ頑張れば後は考えなくていい」ってことですよね。いつも行き当たりばったりで計画性がないからよけいな時間がかかるんだ、と改めて反省しました。／kintarou8さん

いつも何食べたい？と聞くと「お肉〜」と漠然とした回答しか返さない子どもたち。料理本を2冊渡して「3品ずつ選んでね！」と伝えたところ大正解！お弁当本を渡してお弁当対策にもなっています。文句なしの満点です！／ayaco46_21さん

ワイシャツのしつこすぎる襟元汚れを集中的に洗う

#名もなき家事 総選挙
第28位
洗濯

ワイシャツの襟汚れは、洗濯が終わってから気づくことが多いもの。「あー、また洗濯し直しか」とガッカリ。そもそも着た本人が気づいてよ…。

問題の本質はズバリココ!

脱ぐときに気づかず、洗った後に気づく

問題

これで解決！

「オキシクリーン塗るタイプ」を各自で塗ってから洗濯機にINする

毎回**20分**時短！

着ていた本人が「オキシクリーン塗るタイプ」を皮脂汚れがつきやすい部分に塗ってから、洗濯機にIN。放置時間が必要なので、ちょうどいいんです。

ママの声

自分が汚した服なのだから、自分で漂白剤を塗ってほしいです！／anmitsu_interior_musicさん

衣類の中からシャツを取り出し、オキシを塗って「しばし放置」の時間がイヤでした。これからは夫にやってもらうように、やり方もマステで貼って置いておきます！これでまた家事がひとつなくなった!!／ern.homeさん

#名もなき家事 総選挙 第29位 洗濯

洗濯機NGの衣類をイヤイヤ手洗いする

「いまどき手洗いか！」と思うけど、デリケート系の服は手洗いせざるをえない。時間はかかるし、微妙にまくった袖の衣類がぬれてイラッ…。こういう服を気にせずガンガン着てすぐ汚す家族にイライラ…。

問題の本質はズバリココ！

「服は買うもの・洗うもの」という先入観

問題

これで解決！

洗濯NGの服はレンタルする

毎回
20分
時短！

手洗い服は
EDIST.
CLOSET
レンタル一択。

レンタル服は業者がクリーニングに出すため、洗う必要ナシ。特にセーターなどのかさばる冬物は保管スペースを確保しなくて良いのでオススメです。

ママの声

お呼ばれ服はレンタルがいいと思います。毎月のレンタルはコストが気になるところです。／anmitsu_interior_musicさん

数回しか着ないパーティードレスとか今後着ないかもしれないのにクリーニングに出すの、ムダですもんね。／yo_iduさん

忘れ物ナシ！と家を出た子どもが玄関に忘れた水筒を渡しに追いかける

#名もなき家事
総選挙
第30位
子育て

台所で「忘れ物ない?」「全部持った！」からの玄関に置き忘れの水筒、というパターンの多いこと。結果、ノーメイクでボサボサ髪のまま子どもを追いかけることに…。

問題の本質はズバリココ！

忘れ物を減らす家族の意識が低すぎる

問題

これで解決！

玄関のドアに持ち物リストを貼り本人が指さし点検する

毎回
10分
時短！

ぜんぶもったかな？チェックしよう！！
ぼうし
なふだ
すいとう
指さし点検。

玄関に持ち物ボード（紙でも可）を貼っておきます。「水筒、持った！」「マスク、持った！」というように自分で指さし確認することで、忘れ物が格段に減ります。

ママの声

月曜日、毎回何かしら忘れ物をしている気が…反省。指差しできるボードを作ります！／anmitsu_interior_musicさん

うちは夫がお弁当とか水筒を忘れています。子どもじゃなくてパパに指差し呼称やってもらいます！／tomokokitahalaさん

#名もなき家事 総選挙 第31位

片づけ

生ゴミの臭いがどうしても気になり何回も袋をしばる

生ゴミの中でも、特にぶどうと桃の皮にコバエが発生すると、強烈な臭いで気持ちがなえる。消臭スプレーやコバエ退治の方法を試しても効果ナシ、の繰り返しでイヤになる。ああ、ゴミの回収日が待ち遠しい…。

問題の本質はズバリココ！

生ゴミの悪臭対策の甘さ

問題

これで解決！

ポテトチップスや食パンのPP（ポリプロピレン）製袋に入れると臭いが1/1000になる

イライラ70％カット！

食パンの袋、
実は神。
超熟
超熟

ポテトチップスや食パンなど、ポリプロピレン製の袋に生ゴミを入れると、ポリエチレン製の袋に比べ臭いが1/1000に！ エコにもなって一石二鳥。

ママの声

生まれたときから父がパン屋です。この方法を知り、お客さんに「この袋捨てないで～」って言いたくてたまらない。まとめて野菜など下処理する時も、食パン袋は自立するのでいいですね。／tomokokitahalaさん

これ、わが家でもやっています。ほかにオムツ処理袋の在庫が大活躍です。夏のお役立ち度満点ですね。／o2aky0nさん

宅急便を受け取り損ねて再配達を待ち続けたあげく寝た子どもを起こされる

\#名もなき家事 総選挙 第32位

子育て

時間指定で再配達を待つ間、手には印鑑。お風呂はもちろん、トイレも行くのをためらうしすごいストレス！ しかもピンポーンで赤ちゃんが起きてしまうというサイアクのオマケつき…。

問題の本質はズバリココ！

待ち受け家事の最たるもの

問題

これで解決！

宅配ボックスを導入する

イライラ
80％
カット！

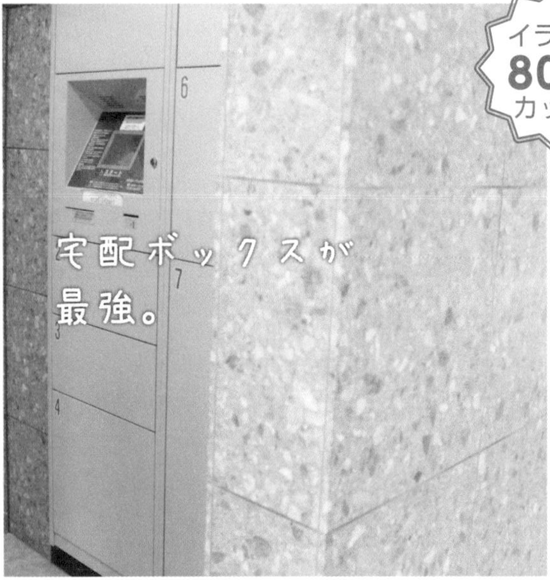

コンビニ受け取りだと家まで運ぶのが重いし、置き配は防犯が気になる。ということで宅配ボックスの導入をオススメします。据えつけのものがないマンションや、戸建てでも使える宅配ボックスも売っています。

ママの声

たとえ自分が家にいたとしても、出たくないときは「宅配ボックスに入れて」とお願いしています。／kokoleka1016さん

マンションなので、宅配ボックスがあるととても便利です！ 戸建ての方もあるといいですね。／nonno.noeriさん

#名もなき家事 総選挙
第33位
子育て

赤ちゃんのゲップ時盛大に吐き戻され、あわてて着替えさせる

特に新生児のミルクの吐き戻しって、こっちが引くくらい大量。私も赤ちゃんも布団もミルクまみれ。赤ちゃんはギャン泣き。この惨状、いったいどうすりゃいいの～？

問題の本質はズバリココ！

汚れて服全着替え

問題

これで
解決！

新生児はスタイ、大人は割烹着を着用する

毎回
10分
時短！

スタイ×
割烹着で
鉄壁の防御。

よだれ対策で使う「スタイ」を新生児の吐き戻し対策に応用。大人の服は腕から肩までしっかりと覆う割烹着の着用がオススメ。割烹着を毎日洗い替えることで、その下に着る衣類の洗濯量を抑えます。

ママ
の声

割烹着！何かと便利そうですね。マーライオン具合にもよりますが、ベビー服は常に2枚重ねにしてセッティング。あたふたしたときの時短になりましたよ。／kaaan.chiさん

スタイは「エイデンアンドアネイ」の大判タイプ。赤ちゃんの服も母の肩までカバーしてくれて大活躍！でも割烹着は思いつきませんでした！／olive_pan7さん

#名もなき家事 総選挙 第34位 子育て

回収日が近づく中 完全に惰性で ベルマークを集める

「これ、もしかしてベルマークついてる?」と商品をクルクル回して確認する作業、ムダムダ！ 少しでも得点の高いベルマークを持って行きたがる子ども。回収日が近づいてストックが１枚もないときは、、私が一生懸命チェック。はあ、疲れる…。

問題の本質はズバリココ！

日々の生活でベルマークを意識するのがストレス

問題

これで解決！

「決め打ちベルマーク」を決めておく

イライラ 90% カット！

日々の暮らしでベルマークを意識するのは疲れるので、依頼がきたらファミマのおにぎりを買う、と決めておきます。ストックしておく場所を作ったり、見つけるたびに毎回ハサミで切り取ったりする手間も省けます。

ママの声

私の地区では毎月回収がありますが、家にあったときしか持参していません。でも、子どもは持って行きたがるので次からはファミマに駆け込みます！ 意思決定の回数が減らせるから、こういうしくみ化は大好きです。／tome_ito さん

以前からわりとベルマークのついている商品を把握しており、取って置いています。取っておくのをやめて必要になったら買う、というのも面白い発想だなと思いました。／a3i6 さん

#名もなき家事
総選挙
第35位
掃除

風呂場の鏡の しつこいウロコ汚れと いたちごっこをする

しばらく放置していると、すぐに真っ白になる風呂場の鏡。目に入りやすいので、見るたびに気になる。たまに掃除してそのときはピカピカに感じるものの、乾くとまた白くなっている…。だんだんとイライラがたまります。

問題の本質はズバリココ!

毎日使うところだからこそ 面倒くさがってしまう

問題

これで解決！

猛烈な汚れを「茂木和哉（もてぎかずや）」で取り、その後は毎晩スクイジー

イライラ65％カット！

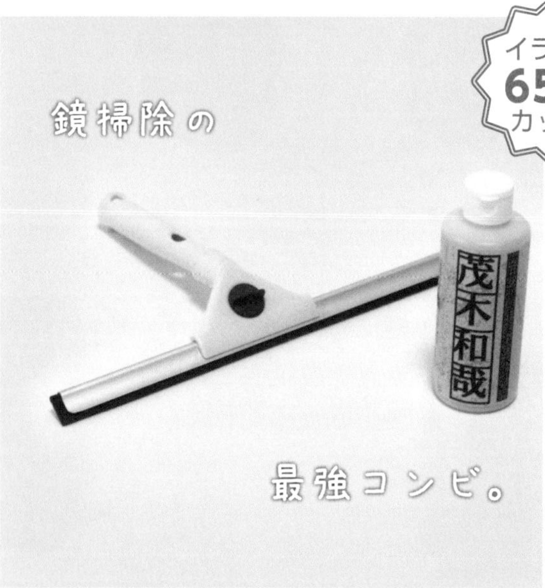

汚れがひどい場合は洗剤「茂木和哉」を投入します。あとは毎日しっかりと水分を取るのがポイント。私はスクイジーですが、最後にお風呂を出る人が「身体をふいたタオルで最後に鏡もふく」というルール化もまたよし。

ママの声

ウワサ通り「茂木和哉」はすごかったです！ 掃除が楽になりました！／azu0238さん

鏡って、すぐ真っ白けになっちゃいますよね。定期的に強力な洗剤を使わないと落ちないですよね。／yo_iduさん

#名もなき家事 総選挙 第36位 子育て

子どもの服と靴のサイズを正確に把握しておく

「上履きがキツイ」「サッカーユニフォームのサイズは？」などなど、子どものサイズを確認する機会って意外と多いもの。でも、ぜんぜん覚えられない。家族が買い物にいくついでに、スムーズにお願いできればなあ…。

問題の本質はズバリココ！

成長期にすぐ変わるサイズを覚えておくのが大変

問題

これで
解決!

LINEの「ノート」にメモっておく

家族の
ヤル気
30%
UP!
スマホアプリの
小技を活用。
K·SWISS

LINEを使って家族とやり取りしていると、以前にした約束ごとを遡って確認するシーンが多くあります。子どもの服や靴のサイズはごくたまに必要な情報なので、ノート機能を使って保存しておけば見つけ出すのもカンタン。

ママの声

LINEの「ノート」の存在は知っていたのに、活用したことなかったです。現時点の身長と体重、服や靴のサイズを書いてみました。「これいいね〜」と主人にも好評でした！／ayusupi62さん

これいいですね！ 今日からやります！ お互い把握できるのもいい!!／yururi.lifeさん

#名もなき家事 総選挙

第37位

子育て

夜中に突然子どもから「学校のノートがない！」と泣きつかれ困り果てる

子どもの学用品ノートって「国語●マス、算数▲行」というように決められていて、一年の中でもどんどん変わっていくのがとてもやっかい。こっちは当然知らないから子どもに聞くのに、本人もわかってない…。結局何を買えばいいの？

問題の本質はズバリココ！

いま言われても無理

問題

これで
解決！

残り5ページ部分にマスや行を書いたふせんを貼りそこまできたら持ち帰らせる

毎回
20分
時短！

残り5ページ部分にマスや行を書いたふせんを貼っておき、持ち帰るルール。「国語ノート12マス」と書いておくのがポイント。これなら、外出中の家族におつかいを頼むこともできます。

ママの声

すごい！ちょうど職場の先輩ママが話していたところでした。この案共有しますー！親がチェックするしかないのかな～と思っていました。特に男の子!!／a3i6さん

これいいですね！ふせんをそのまま渡してくれれば、コッチの買い間違いや買い忘れもないですしね。／yururi.lifeさん

家族が使いまくって空になったティッシュを交換する

＃名もなき家事 総選挙 第38位
片づけ

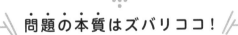

ティッシュを湯水のごとく使う家族。「シュッシュッ」と、毎回必ず２枚引き出す夫。そんなに必要？ と思いつつ、いざ自分が使おうと思ったら、カラッポ…。最後に使った人、補充してよー！

問題の本質はズバリココ！

箱テッシュの残量が見えない

問題

これで解決！

ティッシュケースを透明化して残量を見える化する

家族のヤル気 20% UP!

無印良品の「アクリルティッシューボックス」に外箱を省いたティッシュペーパーを入れて使っています。透明のボックスに入れるだけで、ティッシュが見違えるほどオシャレに見えます。家族も残りの量を意識するようになって、一石二鳥！

ママの声

いままさに、「ティッシュを何とかしたい」と思っていました！ うちでも可視化してみたいと思います！／tome_itoさん

残量の見える化、いいですね！／kanatair923さん

#名もなき家事 総選挙
第39位
子育て

週末の行事で学校が月曜代休になり、夫と妻のどちらが休むか決める

小学生低学年の頃は、月曜代休に親がつき合わないといけない。夫に頼んでも、「休めるわけないじゃん」とそっけない一言…。仕方なく私が仕事を休んだ当日に「あれ？今日休みなの？」なんてのたまうから、イラっとする！

問題の本質はズバリココ！

「月曜代休」に有休休暇を取られる

問題

これで解決！

年間予定を持ち帰った日にwebカレンダーで共有し担当を決める

家族のヤル気20%UP!

2020年4月
本日、有給会議を
おこないます。

年間スケジュールをWebカレンダーに移しながら、夫婦の有給休暇日程を会議。共働きの場合は、あらかじめ決まっている子どもの代休の方が仕事を調整しやすいので、夫が担当することも。突発的な体調不良時は私をメインにするなど、意見交換します。

ママの声

つい夫に子どものイベントの日にちを伝え忘れてしまい、言うのがギリギリになったりするので、年間予定を持ち帰った時に一気につたえてしまえばいいですね！／anmitsu_interior_musicさん

最初は「えー面倒」という反応でしたが、「私が今日は何をしていたか」を一応見ているみたいで、最近は夫の方から「今日お迎えいこうか?」と連絡が来るようになりました！共有大事！／matu.ura.kさん

#名もなき家事 総選挙
第40位
掃除

キッチンの壁に飛び散った油汚れを一人でふきとる

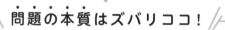

食後に食器を運んだり、洗い物を手伝ってくれることはあっても、油汚れの壁をふくという家事は誰も気づいてくれない。早くふかないとどんどん取りづらくなる。実は地味にすご〜く時間かかってるのに…。

問題の本質はズバリココ！

コンロや壁の掃除が果てしなく面倒

問題

これで
解決！

「リードプチ圧力調理バッグ」で電子レンジ調理する

単純にレンチンするだけでは、レンジ内やお皿が汁などで汚れがち。でも、この圧力調理バッグを使うようになってから、汚れものが出なくなりました。私はこれを活用するようになって、キッチンをリフォーム。換気扇とコンロを撤去しました。

ママの声

これは100点ですよー！ 特に魚や鶏肉は柔らかくなりますね～。魚を煮るのをやめました。／tomokokitahalaさん

コンロ撤去はハードルが高いですが、レンチン調理はどんどん真似したいです。／kmst_itさん

21～40位までを振り返って

個人的には、**「これはトップ10入りでもいいのでは?」**と思う内容もチラホラあった20～40位です。

中でも27位の解決策は、とても簡単にできるので**「実践してみました!」**というコメントを多くいただいたものです。
「家の中で活用できていなかった料理本が、使い方しだいで家族を家事に巻き込むキッカケになる!」と、本を手放す前の「最後のトリデ」として使っていただけて嬉しいです。

また、子育てネタとして提案した30位の解決策は、子どもに向けて作ったしくみでしたが、**「誰よりも夫にやってもらわねば!」**という声が多かったです。
せっかく夫のために作ったお弁当を玄関に忘れて行かれてイラっとしていた方も、これでお悩み解決ですね。

37位については、小学生のお子さんがいるご家庭からたくさん共感のコメントをいただきました。
この項目は、私が夫に**「長男の17行タイプのノート買ってきて!」**と頼んで**「17マスノート」**が机に置いてあったときに、**これはルールをつくらねば!**と考えたものです。
ルールを作ってからというもの、この家事に無事**「成仏」**していただくことができました。ぜひ試してみてくださいね。

第41位

第60位

ぬるくなり炭酸が抜けたペットボトルの残りを流しに捨てる

#名もなき家事 総選挙
第41位
片づけ

家族が飲むペットボトルって、だいたいいつも少し飲み残しのままリビングに置きっぱなし。「まだ飲むんだから捨てないでよ！」って、飲んでるところ見たことないんですけど…。

問題の本質はズバリココ！

「あとで飲むから捨てないで」と言いつつ絶対飲まない

問題

これで
解決！

飲む前にラベルをはがし残量を見える化する

イライラ
70％
カット！
飲む前に
はがす。

ラベルを飲む前にはがすことで残量がはっきり見えるようになるので、飲み残しは各自が流す・洗うという意識が生まれます。家で飲むペットボトルは水か炭酸水限定！とし、残ったら植木にあげれば洗う手間も省けます。

ママの声

残量が見えるし、まだはがしてないっていうイライラがなくなってめっちゃgood!!／kintarou8さん

目からウロコでした！ラベルをはがしてみたら、1ℓの炭酸水を6回でピッタリ飲み切れることに気づきました。どうせはがすんだから、最初からはがせばいいんですね！／ayaco46_21さん

洗濯モノの山の中から色落ちしそうな服を発掘し、別洗いする

＃名もなき家事
総選挙
第42位
洗濯

洗濯機に入れるものをあらかじめ「色落ち候補」と「色落ちしない」に分ける作業が超絶面倒…。ただでさえ狭い洗面エリアにカゴを何個も置くのもイヤだし。でもここで分けないと色移りするのは目に見えているし…。

問題の本質はズバリココ！

買ってすぐの服は色落ちがハンパない

問題

これで解決！

最初の一回だけ手洗いである程度色を落としきる

毎回
5分
時短！
最初の1回だけ
手洗い。

まず「洗濯は全部洗濯機で行う」と原則を決めます。色のついた服は例外として最初の１回だけ手洗いである程度色を落としきれば、２回目以降は他の衣類と一緒に洗濯→乾燥までできます。

ママの声

まったく同じです！たまにそれでも色落ちして夫のシャツがほのかに色づきます。笑／sada_yamaさん

これ！わが家も同じです！役立ち度満点！割り切りも大切ですよね。／o2aky0nさん

洗ったあと、別々になったタッパーのフタと容器を組み合わせる

#名もなき家事
総選挙
第43位
片づけ

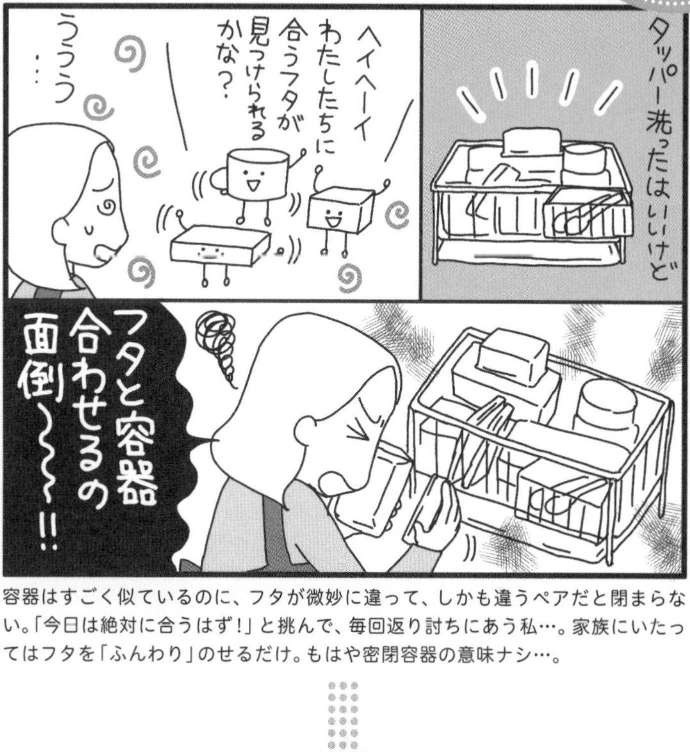

タッパー洗ったはいいけど
ヘイヘーイ
わたしたちに合うフタが見つけられるかな？
ううう…
フタと容器合わせるの面倒〜〜〜!!

容器はすごく似ているのに、フタが微妙に違って、しかも違うペアだと閉まらない。「今日は絶対に合うはず！」と挑んで、毎回返り討ちにあう私…。家族にいたってはフタを「ふんわり」のせるだけ。もはや密閉容器の意味ナシ…。

問題の本質はズバリココ！

合いそうで合わない
フタの多さ

問題

これで解決!

フタをするのは保存とレンチン時だけと割り切り別々に収納する

イライラ90%カット!

フタは冷蔵庫に保存する時に使うことが多いので、冷蔵庫近くに置いておくと動線が短くてすみます。フタを色分けする、もしくはフタにシールを貼るなど「見える化」するのもオススメです。

ママの声

容器は容器で重ねて、フタはフタでポイポイとカゴにいれています。／hmsmamyさん

使う用途がそれぞれあるだろうから満点とはいきませんが、私もまさに収納も配置も香村さんと一緒です！ご飯も入れるときがあるので、炊飯器もその隣に置いています。／kaaan.chiさん

明らかに自分以外の誰かが汚したトイレを掃除する

#名もなき家事
総選挙
第44位
掃除

いろんな家事を手伝ってくれるようになってきたけど、トイレ掃除までは誰もやってくれない。なぜこれだけは私の仕事…？ さらに一生懸命掃除してるときにかぎって「まだ？ トイレ使いたいんだけど！」めちゃくちゃ腹立つ～！

問題の本質はズバリココ！

トイレ掃除で手が汚れるのはやっぱりイヤ

問題

エステーの「モコ泡わ トイレクリーナー」を 噴射する

これで
解決！

家族の
ヤル気
20%
UP!

エステーの「洗浄力 モコ泡わトイレクリーナー」をひと吹きして
放置するだけでキレイになります。トイレットペーパーを取り
換えるタイミングで！とルール化。香りもとても良く大満足。

ママ
の声

ブラシでこするっていうのがハードルが高いのかもしれません。泡が
出ると楽しいからやってみたい！っていう好奇心がいいですね。／
anmitsu_interior_musicさん

- -

使っています！とてもよい商品だと思います。夫は言えばすぐやってく
れるのでありがたいです。／yumi.f.0712さん

毎月のおこづかいを子どもがムダ遣いしないように管理する

#名もなき家事
総選挙
第45位
子育て

もらったらすぐ全部使ってしまわないか心配。かといって、貯めこんでばかりいるのもそれはそれで心配。お金の活かし方をどうやって伝えたらいいんだろう。自分でしっかり管理しつつ、目的を決めて意味のある使い方をしてほしい…。

問題の本質はズバリココ！

子どもにお金をどう管理させるか

問題

これで解決！

小学校低学年は紙で、高学年はエクセルで管理させる

イライラ
60％
カット！

こづかい帳も
デジタル化。

収入（おこづかい）と支出（買い物）をエクセルで記帳するように伝え、「いくら貯まったら何に使うか」もわかるように書いておくようにしています。エクセルの使い方も覚えるので◎。時には監査（大人が収支チェック）します。

ママの声

自分のお金を自分で管理できるようにならなきゃですね！ 私の方がエクセル教えてほしい！／anmitsu_interior_musicさん

わが家はまだこれからですが、お金の大切さやありがたみは早いうちから教えたいです！／utakatahoneyさん

#名もなき家事 総選挙
第46位
子育て

子どもが好きな人形のボサボサになった髪をトリートメントする

2、3歳の女の子に絶大な人気のお人形「メルちゃん」。ぬれると髪の色が変わるから子どもをお風呂に誘いやすいのはいいんだけど、髪の毛が乾くと恐ろしくボサボサになり、それで泣かれるという…。

問題の本質はズバリココ！

人形の髪が濡れるとボサボサになる

問題

これで解決！

柔軟剤をつけて洗う

毎回
3分
時短！

静電気で髪がボサボサになってしまうので、「お風呂の中で柔軟剤で髪を洗ってあげて」と子どもに伝えればOK。娘はメルちゃんの髪を自分で洗うようになってから、自分の髪も自分で洗えるようになりました。

ママの声

うちにはメルちゃんはいないのですが、柔軟剤がいいんですね！姪に教えます!!／tome_itoさん

柔軟剤で整えることができるなんて知らなかった！髪をくくれるロングヘアのメルちゃんを選ぶか、「あなたのメルちゃんだから自分でやってあげようね!」と娘の髪をといてあげるのはどうでしょうか。次からは自分でやるかな。／anmitsu_interior_musicさん

#名もなき家事
総選挙
第47位
掃除

びしょびしょになった洗面所の歯ブラシ棚の水滴をふきとる

家族が洗面所を使った後は、歯ブラシ棚、鏡、洗面台がびしょびしょになっていることが多々ある。でも、私以外の誰も気づいてくれない！ 最初に私が使ったあと、しっかりふいた意味ナシ…。

問題の本質はズバリココ！

洗面所の水滴なんていちいちふいてたらキリがない

問題

これで解決!

タオルで顔をふいたついでにふき取り、洗濯機へGO

毎回 **5分** 時短!

朝、洗顔後のタオルを使って、水滴がついた洗面台、歯ブラシ棚、鏡をふいたら洗濯機へ。手に持っているモノを使うので、家族とシェアしやすいメソッドです。

ママの声

すぐにふいたら水滴残らないです～。無印良品のフェイスタオルを愛用しています。ふわふわで傷つかないのでいいですよ。／asuka.kondo_smileさん

毎日する方が結果的にラクですよね。うちではこのシステムが浸透するまで時間がかかりましたが（笑）。／hmsmamyさん

雨の日、背中をずぶ濡れにしてチャイルドシートに子どもを乗せる

#名もなき家事
総選挙
第48位
子育て

ファミリーカーといえばミニバン。後部座席はスライドドアで傘を固定させておくことができないので、赤ちゃんをチャイルドシートから降ろして抱っこひもに入れるまでの間、背中が雨でびちょびちょに…。

問題の本質はズバリココ！

ドアが開いた状態で両手を離すと傘がさせない

問題

これで
解決!

柔らかいキーホルダーの中に磁石を入れ傘に装着。車の屋根につける

イライラ
90％
カット!

傘クルクルからの
ピタッ。

スマホをふくような柔らかいキーホルダーの中に100均の強力磁石を入れて傘の骨組みに取りつけ、車のボンネットめがけてクルクル傘を回転させれば、ほら! ピタッとボンネットにくっつきます（傘キーホルダーの作り方は、P264で紹介しています）。

ママの声

このアイデア最高ですね! 車に傘1本置こうかなって思います。長傘が壊れてしまったので、今後は強風OKな折りたたみ傘だけで生きていこうと思っていた矢先でした!／tome_itoさん

これ、専用のキーホルダーを作ってください! これなら肩だけで傘を支えても安定して両手が空きますよね。すごいです!!／ayaco46_21さん

#名もなき家事
総選挙
第49位
片づけ

雨の日の翌日、玄関に干していた家族全員の傘を一人でたたむ

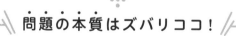

翌日が雨ならまだしも、晴れの場合は完全放置。わざと傘をまたいで先に出て行った家族にイラッとしつつ、玄関掃除の邪魔になるので結局自分で対応…。

問題の本質はズバリココ！

傘へのケアゼロ

問題

これで
解決！

ビニール傘にして カンペキに干さなくても よしとする

イライラ
70％
カット！

比較的安価なビニール傘を使い、しっかり干さなくても良いというルールに。子どもには、マスキングテープやキャラクターシールでカスタマイズするのもGOOD！ 玄関に珪藻土マットを敷けば、水滴を吸収してくれます。

ママの声

わが家は風が強い地域なのか、お気に入りの傘を外に干していたら、折れてしまいました。ショックで、それからは風呂場か玄関に干すように。しかし、最近閉じたままでも乾いていることに気づき、「帰宅時にポストにかける→2日ほど放置→しまう」に変えました。／ern.homeさん

傘は閉じるけど、バンドは留めずに傘立てに入れて自然乾燥、そのまま放置しています。傘立てに傘が少ないのが前提ですね。／anmitsu_interior_musicさん

#名もなき家事
総選挙
第50位
掃除

夫のヒゲそり後洗面所に残った残骸を掃除する

掃除した直後の洗面台で電気シェーバーを水洗いされると、細かいカスが散らばる×流れにくい（洗面ボウルに水面のラインがくっきりつく）！ 不満を伝えると、「ちゃんと流してるよ！」と逆ギレ。アンタの目、いったいどこについてんの？

問題の本質はズバリココ！

洗面所での電気シェーバー洗い

問題

これで解決！

T字カミソリで入浴時に剃ってもらう

イライラ
50%
カット！
風呂場&
手動でプリーズ。

入浴時にT字カミソリで剃ってもらうことをルール化。電気シェーバーのような細かいカスが出ないので、剃りカスが集めやすくなります。ベストはひげ脱毛なので、わが家では夫が施術中です。

ママの声

夫に電気シェーバー、捨ててもらいました。お風呂に入るときにシャンプーで髭剃りしてもらうとキレイに流れます。／kokoleka1016さん

そうそう！うちも洗面台が髭だらけになってムカついたので、いまはお風呂場でやってもらうようにしています。／yo_iduさん

#名もなき家事
総選挙
第51位
整理

家族に逆の位置に戻された塩と砂糖をいちいち置き直す

容器を詰め替えて見栄え良くラベリングしていると、家族が使った後、逆に戻されているトラップが発生します。塩と砂糖、小麦粉と片栗粉。みりんと酒…。気づかず使ってしまい、ガクっとさせられることの多さよ…。

問題の本質はズバリココ！

戻す時に位置を間違えやすい

問題

これで
解決!

物と場所の両方に「ダブルラベリング」する

家族の
ヤル気
50%
UP!

塩や砂糖の容器側だけでなく、収納側にもラベルを貼っておくしくみ。家族が共通で使うモノに効果的なので、シャンプーやリンスにも使えます。

ママの声

定番のものだけ実践しています。100%定位置に戻っています。／kotaniyuko83さん

モノを探す時間と元に戻す時間がもったいないので、やってみたいです!!／napototonoeruさん

郵便はがき

料金受取人払郵便

新宿局承認

1820

差出有効期間
2021年9月
30日まで

1638791

999

(受取人)

日本郵便 新宿郵便局
郵便私書箱第330号

(株)実務教育出版

第一編集部
愛読者係行

フリガナ お名前		年齢　歳 性別　男・女	
ご住所	〒		
電話番号	携帯・自宅・勤務先　(　　)		
メールアドレス			
ご職業	1. 会社員 2. 経営者 3. 公務員 4. 教員・研究者 5. コンサルタント 6. 学生 7. 主婦 8. 自由業 9. 自営業 10. その他 (　　)		
勤務先・学校名		所属 (役職) または学年	
今後、この読書カードにご記載いただいたあなたのメールアドレス宛に 実務教育出版からご案内をお送りしてもよろしいでしょうか			はい・いいえ

毎月抽選で5名の方に「図書カード1000円」プレゼント!
尚、当選発表は商品の発送をもって代えさせていただきますのでご了承ください。
この読者カードは、当社出版物の企画の参考にさせていただくものであり、その目的以外には使用いたしません。

■ 1 編

【ご購入いただいた書籍名をお書きください】

書名

ご愛読ありがとうございます。
今後の出版の参考にさせていただきたいので、ぜひご意見・ご感想をお聞かせください。
なお、ご感想を広告等、書籍の PR に使わせていただく場合がございます（個人情報は除きま

••••••••••該当する項目を○で囲んでください••••••••••

◎本書へのご感想をお聞かせください

・内容について	a. とても良い	b. 良い	c. 普通	d. 良くない
・わかりやすさについて	a. とても良い	b. 良い	c. 普通	d. 良くない
・装幀について	a. とても良い	b. 良い	c. 普通	d. 良くない
・定価について	a. 高い	b. ちょうどいい	c. 安い	
・本の重さについて	a. 重い	b. ちょうどいい	c. 軽い	
・本の大きさについて	a. 大きい	b. ちょうどいい	c. 小さい	

◎本書を購入された決め手は何ですか

a. 著者　b. タイトル　c. 値段　d. 内容　e. その他 (　　　　　　　　　)

◎本書へのご感想・改善点をお聞かせください

◎本書をお知りになったきっかけをお聞かせください

a. 新聞広告　b. インターネット　c. 店頭（書店名：　　　　　　　　　）
d. 人からすすめられて　e. 著者の SNS　f. 書評　g. セミナー・研修
h. その他（　　　　　　　　　）

◎本書以外で最近お読みになった本を教えてください

◎今後、どのような本をお読みになりたいですか（著者、テーマなど）

ご協力ありがとうございました。

多めに炊いたご飯やお弁当をタッパーに入れ冷めるまで待ち続ける

#名もなき家事
総選挙
第52位
料理

朝の一番忙しい時間帯に、「お弁当のフタが閉められるようになるまで待つ」という謎の待ち時間が発生することのイライラといったら。しかも毎日。これぞ究極の「待ち受け家事」…。

問題の本質はズバリココ!

作り立てのお弁当が冷めるまで待たされる

問題

これで解決！

タッパーは冷凍庫で保管。容器自体を冷やしておく

毎回
5分
時短！

ご飯とお弁当が少しでも早く冷めるように、タッパーを冷凍庫に収納。わが家では小分けカップやバラン、ピックなどのお弁当セットも一緒に冷凍し、保冷剤と一緒に取り出すことに。一度に全部取り出せて、時短度UP!

ママの声

このアイデア、目からウロコです！よく使うものなので一番取りやすい場所に置いていたのですが、かさばるのでどうにかしたいと思ってました！炊き立てを急冷する方がいいので、容器が冷えているのもいい。すでに専用の場所があるし、まったくデメリットがないアイデアです。／winwin19910111さん

ステキ！タッパー置き場も少しスペースが空くし、熱いごはんもはやく冷めて衛生的！やります!!／perry_tm_handmadeさん

＃名もなき家事 総選挙 第53位

子育て

毎晩子どもに「明日の時間割合わせた？」と声をかける

時間割を合わせるのに驚くほど時間がかかる、小学校低学年の子ども。一緒に「国語だから、漢字ドリルもいるよね」「ほら、宿題を机に置きっぱなしじゃない？」などと副教材やノートの準備まで確認する時間、なんとかしてほしい…。

問題の本質はズバリココ！

1教科に教材が何冊もあって忘れやすい

問題

これで解決!

教科ごとに色分けしたシールを貼っておく

毎回
20分
時短!

国語であれば全部で5冊の教材が必要。その場合、背表紙に赤色シールを貼っておきます。収納場所に「国語 赤 5」と書いておけばパッと見て「赤シールの教材5冊OK!」とわかります。

ママの声

小1のわが家はアイテムが少ないのですが、うちの息子は多分このしくみが大好きだと思います! うちでもシールを使ってみたいと思いました。／tome_itoさん

そっかー! これも色分けしたらいいんだ! 色分けって、自分が使うモノにとどまっていました。／cleanup_angelsさん

ポケットティッシュの入ったズボンを洗濯してしまい、後始末に奔走する

#名もなき家事
総選挙
第54位
洗濯

これ、やってしまうと洗濯機を開けたときのショックがハンパない…。ティッシュを取りのぞく作業はもちろん、洗濯槽の掃除もタイヘン！ 一日中ブルーになる…。

問題の本質はズバリココ！

ティッシュが洗濯機の中で粉々になってはりつく

問題

これで解決！

ポケットティッシュを「水に溶けるタイプ」に統一する

まったく問題なくふだん使いでき、トイレにも流せるのでいざというときトイレットペーパー代わりにもなります。キャラクターものなど種類も多く、100円ショップやコンビニにも売っています。

ママの声

ミラクル解決！もう水に溶けるタイプしか買わないと宣言します。ポケットティッシュもらったら掃除に使うようにしてゴミ箱にすてるようにします！／ern.homeさん

めちゃくちゃいい案ですね！鼻炎持ちの子どもが何度もポケットに入れたまま洗濯機を回すのが悩みの種でした。／liuyang7624さん

夕食後、テレビばかり見て微動だにしない家族を一喝する

#名もなき家事
総選挙
第55位
あるある

夕方以降、私は立ちっぱなしでバタバタ。そんななか「お風呂入って〜」と言っても生返事だけでイライラ。しかも、夫が見てる番組を子どもも一緒になって見てるだけ…。

問題の本質はズバリココ！

食後の「なんとなくテレビ」

問題

これで解決！

テレビの置き場所をリビング以外にする

毎回
20分
時短！
テレビは
「いつかの子ども部屋」
へ。

「いつか子ども部屋に」と思っている部屋をテレビルーム化。子どもたちはテレビを観終わったらリビングに戻ってくるように。短時間でも集中して観るようになり、大人もシアタールームのように使えて満足度高し。

ママの声

トライしてみたい！と思いました。いまのダラダラをなんとかしたいです。効果満点だと思います。／napototonoeruさん

自分もテレビ好きなので迷います。でもテレビありきでリビングを作るから、他の配置が動かせなくなるんですよね。なんか工夫したいと思いました！／tome_ito

洗濯物を天気や花粉の状況を確認せずに干してしまいやり直す

#名もなき家事
総選挙
第56位
洗濯

今日って雨降る？ 花粉はどう？ と毎朝チェックする作業が面倒。でもやらないともっと落ち込む事態に…。

問題の本質はズバリココ！

「今日もきっと晴れるよね」という根拠のない思い込み

問題

これで
解決！

毎朝7時に
アレクサに教えてもらう

家族の
ヤル気
10%
UP!

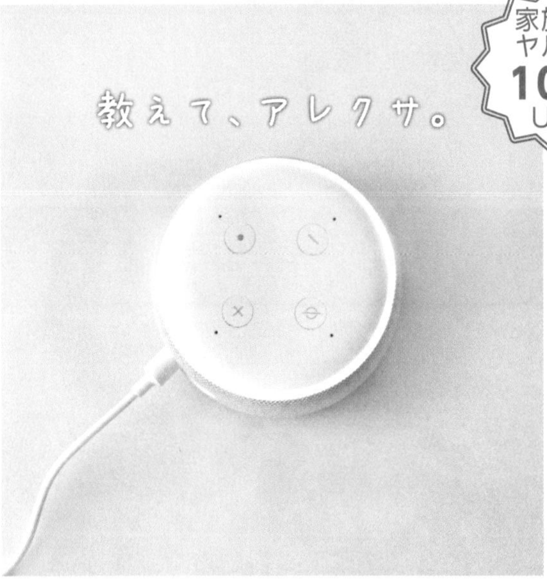

天気や花粉情報をテレビやネットでチェックすると、他の情報にも興味が出てしまい、よけいに時間がかかってしまいがち。AIスピーカーなら、知りたい情報だけをピンポイントで教えてくれます。

ママの声

アレクサ買いました！ 携帯を触る時間も減って、家族みんなに周知されてとてもいいです。／tome_itoさん

アレクサ、すっかり使いこなしていますね。声かけるだけでいいって、最高にラクですよね！／yo_iduさん

キッチンペーパーをムダ遣いする家族をそのたびに注意する

#名もなき家事
総選挙
第57位
掃除

キッチンの手に取りやすい場所に置くため、少しの汚れや水滴でも使ってしまい（しかもトイレットペーパー並みにグルグル巻く）もったいない！ でもそれをいちいち注意する私って、セコい…？

問題の本質はズバリココ！

「台所の汚れにはキッチンペーパー」という思い込み

問題

これで解決！

ティッシュに替える

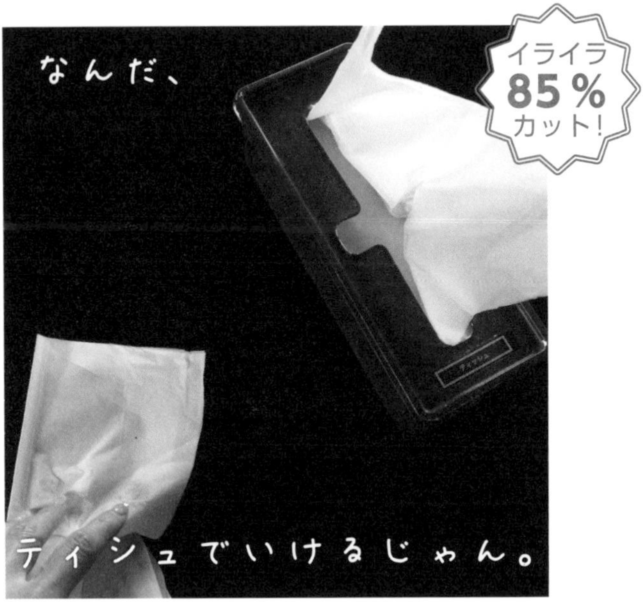

魚の臭いを取る・油を吸収すること以外は基本的にティッシュで代用可能。手に取りやすい位置にティッシュペーパー、取りにくい位置にキッチンペーパーを置くことで使いすぎを防ぎます。

ママの声

ティッシュペーパーは安価なもので良し！ キッチンペーパは高価でもいいので機能的なものを。その２つをうまく使い分けています。／haveagoodone_j さん

うちもティッシュに変えるというのをやりました！ 経済的にはとてもいいです！ でも先日たこ焼きの油を広げるのをティッシュでやろうとして夫からストップが入りました。ティッシュのポテンシャルを信じすぎました…(笑)。／tome_ito さん

#名もなき家事 総選挙 第58位
コミュニケーション

車や家電などの高価なモノを買うために家族を説得する

毎日の洗濯でヘトヘト。意を決して夫に「ドラム式乾燥機能つき洗濯機がほしい！」といっても「ふ～ん…それいる？」気のない返事で流される…。洗濯のタイヘンさをぜんぜんわかってないでしょ～！

問題の本質はズバリココ！

「これほしい！」だけじゃ相手の心に響かない

問題

これで解決!

機能比較表を作り家族にプレゼンする

イライラ**95%**カット!

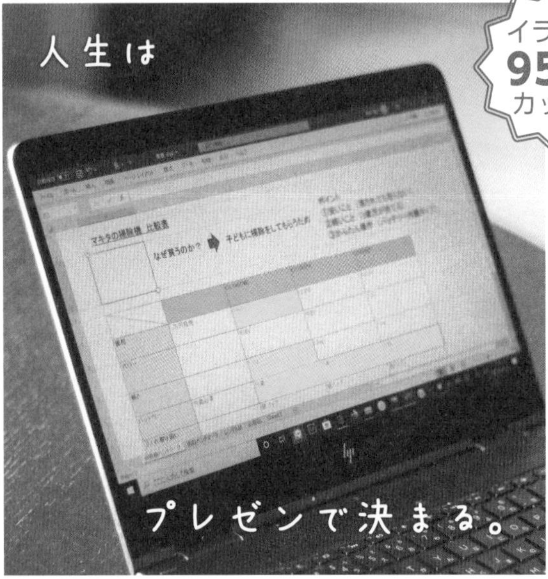
人生は
プレゼンで決まる。

何に困っていてなぜほしいのか、なぜその製品がいいのか? 買うことのメリットとデメリットは? そして市場動向に至るまで、調べて家族にプレゼンします。その姿を見ている子どもが、いつか真似してくれるかもしれないと淡い期待を抱きつつ。

ママの声

おおー! これはいい!! 言葉で説明しても「ママが良ければいいと思う」ですべてすませようとするので。/cleanup_angelsさん

これ、うちもやります! 比較表までは作れていませんが「なぜほしいのか?」「この商品のいいところは?」などプレゼンします。家庭内プレゼンが一番難しい。/kanatair923さん

巻きついたラップの端をイライラしながら探す

#名もなき家事
総選挙
第59位
片づけ

急いでいる時や両手が汚れている時に限って、見失うラップの端。そして、見つけた！と思ったら、一部だけ剥がれて切れて、やりなおし。「私、何やってるんだろう……」と思います。

問題の本質はズバリココ！

はがしやすい箇所のわかりづらさ

問題

これで解決！

ラップのケースに「ラップはがし用テープ」を貼っておく

イライラ 90% カット！

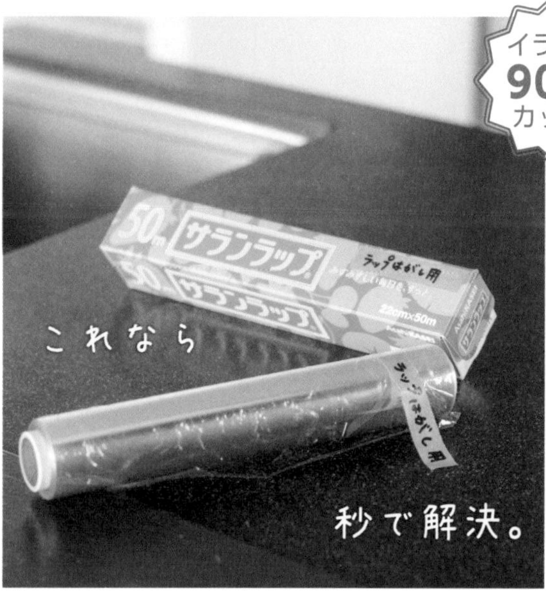

ラップのケースに10cmくらいに切ったマスキングテープを貼っておきます。はがしやすいように、片側を少し折り返しておくとラクに取れます。マスキングなので、1、2枚貼っておけば繰り返し使えます。

ママの声

ラップ本体の箱部分に10㎝ほどにカットしたマステに「巻き戻し用」と書いて貼りました。文言は使う人がわかりやすい言葉でOKですよね。見た目のビジュアル重視なら、何も書かなくても◎。／kotaniyuko83さん

キッチンの引き出しにマステとペンがあると便利ですね。ラップも近くにあるからすぐに剥がせて10点！／tomokokitahalaさん

親切心で実家のモノを片づけようとして親とぶつかる

＃名もなき家事 総選挙 第60位

片づけ

長期の休みに実家に帰省。片づかない様子を見かねて「手伝ってあげるよ」と言い片づけていると「勝手に捨てないで！　いいから放っておいて」と言われ、険悪なムードに…。

問題の本質はズバリココ！

「劇的ビフォーアフター」を目指してしまう

問題

これで解決！

親の「薬」から見直す

薬の整理なら、「親の症状がわかる、誤飲を防ぐ、使用期限が明確になる、一時間くらいで終わる」と、最初にやる場所として最適です。

ママの声

目からウロコです！大がかりじゃないから取り掛かりやすいんですね！／anmitsu_interior_musicさん

何を飲んでいるのか把握できるし、辛い症状に共感もできますね！／yukko_starさん

41～60位までを振り返って

このあたりから、ニッチだけど、当てはまる人には「**それそれ!! わが家がまさにそれで悩んでます!!!!**」と、共感度の高い項目がランクインしました。

私がイチオシしたいのは、48位。私自身がずっと悩んでいて、思いついた時に思わず身震いしたアイデアです（笑）。保育園の駐車場で他のママさんたちも皆さん同じ悩みをもっていらっしゃるとのことなので、一人でも多くの方に実践してもらえると嬉しいです。

そして、**今回全100項目の中で一番インスタライブ上で盛り上がったのが、50位の「夫のヒゲ剃り問題」。**「わかる～!!」の人の熱量がハンパなかったです。

うちの夫はこの声の多さをきっかけに「ヒゲ脱毛」に通っているのですが、店員さんに「**なぜやってみようと思ったのですか?**」と聞かれ「**一般の主婦の方のイライラ度合いがすごかったので…**」と答えて、爆笑されたそうです（笑）。

53位の項目は学校の先生方にも提案したところ、学級通信で展開してくださった先生がいらっしゃいました。
「毎日の時間割合わせに30分以上かかっていて…」
とアタマを悩ませていたというお母さん、そして教材の数が膨大になる高校生のお母さんからも「**採用しました!**」と嬉しいメッセージをいただきました。

第61位

第80位

#名もなき家事 総選挙 第61位
コミュニケーション

家族にストックの場所を聞かれ、教えがてらつい取ってしまう

夫に「俺のプロテインのストック、どこだっけ？」と聞かれて「あの棚の上の箱の中の〜」と説明するも、説明が面倒で結局取ってしまう。するとまた「俺のプロテイン…」。場所は伝えたんだから、自分で取らんかい〜！

問題の本質はズバリココ！

結局私が取るから また聞かれる

問題

これで解決！

消耗品の容器に「ストックラベリング」を貼っておく

家族のヤル気
40%
UP!

ストック場所を
ストックは棚の上だよ。
ラベリング。

いま使っている容器に「ストックは●●の中」と書いておきます。その後、家族に必ずアナウンスを。このひと手間で、聞かれる回数が劇的に減りました！

ママの声

私もやっています。このラベリングをしておくと、●●って書いているケースの中だよ！と文字で伝えられるし、段々と聞かれれることがすくなくなってきました。／yururi.lifeさん

みんなに伝えるだけでも、だいぶラクになりますよね！ストック場所のラベリングはできていないので頑張ります！／anmitsu_interior_musicさん

#名もなき家事 総選挙 第62位 料理

冷蔵庫の食べ物の賞味期限をきちんと管理する

もはや、何が入っているかもさだかでない冷蔵庫。「今日は豚のしょうが焼きだよ～」と家族に宣言してからの消費期限切れ発覚に、ヒザからくずれ落ちそうになる…。

問題の本質はズバリココ！

食材の賞味期限までいちいち覚えてられない

問題

これで
解決！

素材や賞味期限別に収納場所を決め、次の買い物までに食べきる

家族のヤル気
20%
UP!

「食べきってから次の買い物に行く」とルール化しましょう。「ご飯のお供」や「乳製品」「お弁当セット」などジャンル分けをしつつ、「ここから食べてね」という賞味期限切れ間近のエリアを作って見える化しています。

ママの声

買い物を週1回と決め、一週間で食べきれる分しか買わないようにしたところ、管理もラクになりました。最初は無理だと思っていましたが、意地でも行かなければなんとかなりました。割高？と心配したけど無駄にしてしまう食材がなくなったので、逆に食費も抑えられるようになりました！／yururi.lifeさん

油性ペンで「何日までに食べないと破棄！」と書くと、息子が急いで食べてくれます。笑／rikasmile0704さん

子どもを「もう寝るよ」からの歯磨き、トイレへ毎晩誘導する

#名もなき家事 総選挙
第63位
子育て

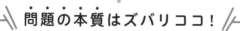

毎晩「はい、寝る時間だよ～」「歯磨きは～？」「トイレ行って～」と同じ言葉の繰り返しにうんざり。さらにその数分後には「本当に歯みがきしたの？ トイレは？」と確認の声がけも。そろそろ自分でやることやってよ～！

問題の本質はズバリココ！

毎日同じ声がけの繰り返しでイライラ

問題

これで
解決！

「報告お願いします」で子どもに自己申告してもらう

イライラ
80％
カット！

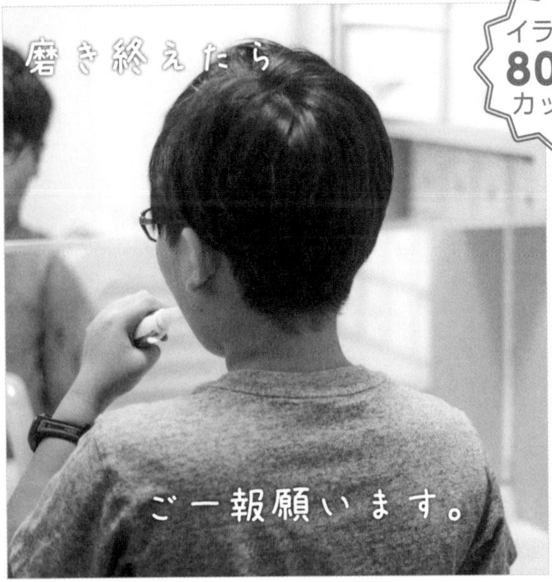
磨き終えたら
ご一報願います。

最初のうちは「ちゃんとできたら、寝る前に絵本を読んであげる」などご褒美をつけるのも○。「寝るよ～。順番に報告してね～」という感じで。

ママの声

やってみたいから、満点で！ 男の子が2人なので警察官風に演技を頑張ってみたいと思います！／kmst_itさん

毎晩「トイレ行きなさい～」「イヤー！」「歯磨きするよ～」「イヤー！」の繰り返しなので、いいかげん飽きてきました。／usyagisyanさん

#名もなき家事 総選挙 第64位

整理

家電などの取扱説明書や保証書の山から目当てのものを見つけ出す

急に冷蔵庫が壊れた！ というときに取扱説明書を見つけられないほど、説明書が山盛りに。トリセツはあっても、今度は「保証期間ってどうなってたっけ？」となり、山の中から保証書探し…。

問題の本質はズバリココ！

「あると安心」なものにかぎって必要な時に見つからない

問題

これで解決！

保証書に赤ペンで型番と保証期限を書き入れ、あとは処分する

イライラ70％カット！

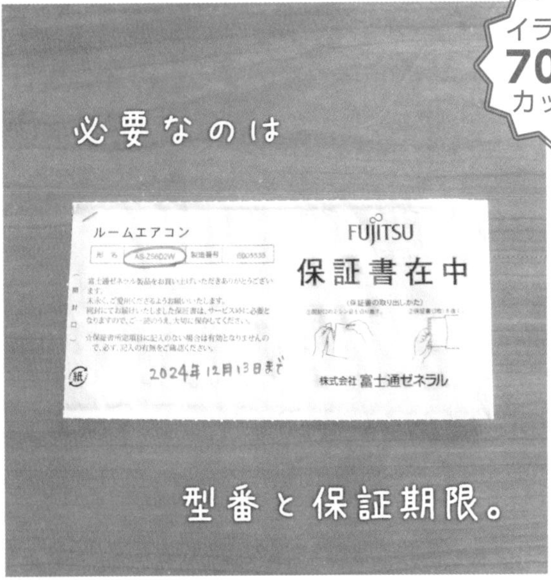

緊急時に必要になる「型番・保証期限」をわかるように大きく書いておき、その他は検索して調べます。購入日まで書けばバッチリですね。トリセツはメーカーのサイトでPDFになっていることが多いので、その場合紙も手放してしまえますね。

ママの声

洗濯機が壊れた時も説明書があるのに、結局ネットで説明書を検索して見ちゃうんですよね。／perry_tm_handmadeさん

心配な人には「トリセツ」というアプリをオススメします。／sada_yamaさん

子どもの幼稚園の給食のお箸セットを毎日忘れずに用意する

#名もなき家事
総選挙
第65位
子育て

幼稚園の給食で用意するおはし・フォーク・スプーンが入るセット
給食おいしかった？
本当は忘れないうちに帰ってすぐ明日の用意をしたいけれど
洗っても翌朝までなかなか乾かないしセットするのも面倒
入れる場所も決まっている
だから結局忘れちゃったりするのよね〜
はっ
入れ忘れ
どうしたの－？
ぐ

おはし、フォーク、スプーンのお箸セット。それぞれ入れる場所が決まっていて、セットするのもムダに時間が。さらに食洗機の中でケースが裏返り、いつまでも水滴が残ったまま…。キーッ！

問題の本質はズバリココ！

「洗って乾かしてセット」まで時間がかかる

問題

これで解決！

ケースでなく お手ふきでくるむ

イライラ
90％
カット！

どうせお手ふきタオルも洗うんだし、くるくると丸めればコンパクト。持ち運び時にカチャカチャいわないのも◎。スープジャーのときは大きめのスプーン、というようにアレンジも自由自在。

ママの声

お手ふきに包めば洗濯も簡単ですもんね。私が住む市では、幼稚園も小学校も共通の箸袋があります。／anmitsu_interior_musicさん

かさ張らないし、ガチャガチャ言わないし、本当にオススメです。／utakatahoneyさん

#名もなき家事 総選挙 第66位 片づけ

ダイニングの椅子に かけっぱなしの家族の 上着を回収し、しまう

帰宅と同時にダイニングの椅子に上着をかける夫。それを見て、子どももマネする。結局寝る前にクローゼットに戻すのはいつも私の仕事…。「椅子に上着かけないで！」って何回言ったらわかるの？

問題の本質はズバリココ！

上着を脱ぎたくなる場所と収納場所が違う

問題

これで
解決！

服をかけそうな場所に キャスターつきの箱を置き その中に入れる

毎回
5分
時短！

「ニトリのインボックス（キャスター別売）」がオススメ。箱をリビングの入り口や階段下まで動かせば、各自の部屋に戻るタイミングで服を手に取ってくれます。

ママの声

わが家の場合、朝パジャマが散らばっているので困っていました。早速「次に着るボックス」という名の箱を用意したところ、散らばる隙なし！たたむ服も減る！最高!!／ern_homeさん

わが家は玄関にカゴを置いて、そこに入れるようにしています。／utakatahoneyさん

#名もなき家事
総選挙
第67位
コミュニケーション

買い物リストを渡したのに間違って買ってこられしかたなく買い直す

赤ちゃんのオムツには「テープ」タイプと「パンツ」タイプがある。パンツタイプがほしくて写メまで送ったのに、「安かったよ〜」とテープタイプを買ってくる夫。どーすんの！ 子どもはいまさら嫌がってテープタイプなんて履いてくれないんだよ…。

問題の本質はズバリココ！

親しき仲の伝言ゲームは危険

問題

これで解決！

ネットスーパーで買う

ネットスーパーなら
毎回
20分
時短！
間違えない。

買い物を頼むと勘違いが生まれたり見つからなかったりなど、買う方もストレス。そこでイオンや西友などのネットスーパーにシフト。送料は5000円以上は無料のところが多いですし、ネット専用のセール品もあります。

ママの声

ほぼネットスーパーなので夫に買い物に行ってもらうことはありませんが、「冷蔵庫の中の写真を撮って送る」が有効かな、と思いました。／tome_itoさん

ほかに何があればいいのか？ を推測できる家事スキルの高い配偶者限定だと感じました。夫に「買ってきてほしいモノだけ書いて」と言われました…。／o2aky0nさん

#名もなき家事
総選挙
第68位
掃除

子どもの水鉄砲遊びでびちょびちょになった浴室の天井を掃除する

子どもが水鉄砲などで遊ぶと、天井はあっという間に水びたし。天井からカビが降りてくるので、早く対処しないと！とプレッシャーになるものの、だれも気づいてくれない…。

問題の本質はズバリココ！

手が届きにくくて超絶めんどい

問題

「ルックお風呂の防カビ燻煙剤」後「クイックルワイパー」に「パストリーゼ77」をつけふきとる

これで
解決！

奇数月の1日は

毎回
10分
時短！

防カビの日。

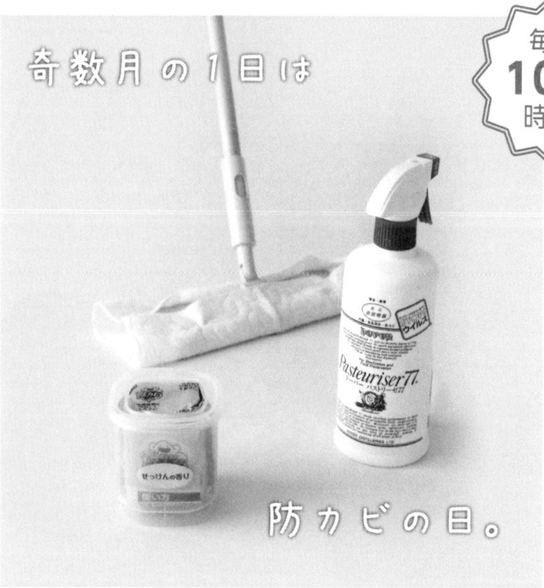

「ルックお風呂の防カビ燻煙剤」を2か月に一度使いながら、気になったときに「クイックルワイパー」に「パストリーゼ77」をつけてゴシゴシ。

ママ
の声

防カビ燻煙剤、大好きです‼ 掃除をさぼりたくなるくらい最高だと思っています。ワイパーも‼／tome_itoさん

--

わが家も防カビ燻煙剤を愛用しています！ これだけでじゅうぶんいけています。／macha.cocoさん

お風呂の残り湯に浮かぶ夫の抜け毛をせっせとかき集める

#名もなき家事
総選挙
第69位
掃除

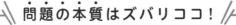

毎晩お風呂に入ると、湯船に抜け毛が…。一生懸命かき集めるものの、なかなか取りきれなくてイライラ。この状況にまったく気づいてない夫にもイライラ…。

問題の本質はズバリココ！

夫がお湯の汚れに無頓着すぎる

問題

これで解決！

お風呂の残り湯のゴミを取り除く網を使う

イライラ
80％
カット！
金魚すくいの要領で。

100円ショップで売っている「パッチンお風呂ネット」という網を使い、お風呂から出るタイミングで各自がお湯の汚れをすくう、というルールを作りました。「金魚すくいみたい」と好評？ です（笑）。

ママの声

実家暮らしのころから使っています。2番目以降にお風呂に入る人の「ゲッ」がなくなりました。／maka.n1211さん

わが家でも活躍しています！ すごくいいですよね。大人も子どもも取り合いになります。夏は庭のプールでも活躍してくれます。／tome_itoさん

トイレの小窓に組体操風に置かれたペーパーの芯を毎回捨てる

＃名もなき家事 総選挙
第70位
掃除

意味なく組体操風に積まれた芯にイラっ。芯をオブジェにするなっつーの！ 明らかにゴミなんだから、自分で捨てろっつーの！

問題の本質はズバリココ！

「次の人が捨ててくれるでしょ」

問題

これで解決！

芯の最後の方にマーカーで印をつけておき、印まできたら交換する

家族のヤル気 20% UP!

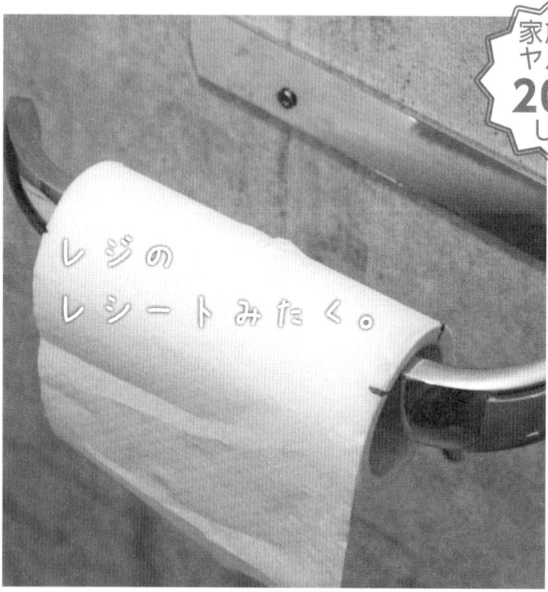

印を見つけると「変えなきゃ」という心理的圧迫感が生まれます。ゴミになる前に引き揚げて残りを掃除に使えば、イラっとせずにすみます。写真には、ペーパーの右端に青ペンで印をつけてあります。

ママの声

分かる！ 絶対に置いてある！ 娘はもってくるが夫はトイレに放置。子どもにはよさそうな案ですね。／yururi.lifeさん

まだ試したことがないですが、やってみたいです!!／utakatahoneyさん

#名もなき家事
総選挙
第71位
子育て

子どもが一日中持ち歩く水筒を定期的に除菌する

朝から学校、夕方以降は習い事へと、一日中水筒を使う子どもたち。だから一日の終わりには雑菌がウヨウヨ…。でもスポンジが底まで届きづらいし、毎日消毒する時間も気力もない…。いったいどうすりゃいいの～?

問題の本質はズバリココ!

水筒をしっかり除菌する時間がとりづらい

問題

これで
解決！

平日はメラミンスポンジとパストリーゼで対処。週末にオキシ漬けする

毎日
5分
時短！

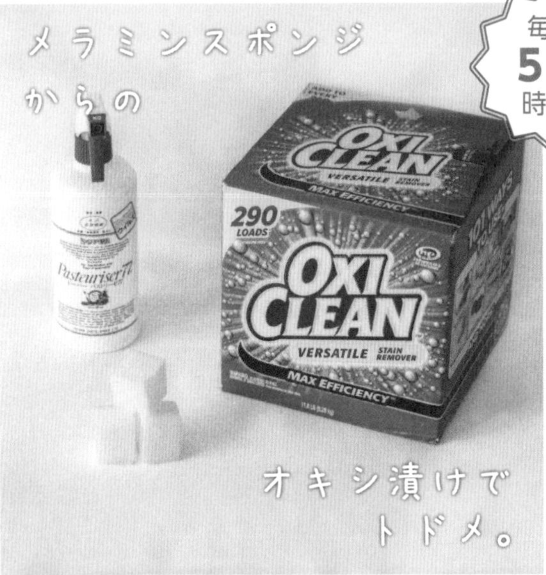

平日は毎晩寝る前に小さなメラミンスポンジで菜箸を使って水筒の内側に沿って洗い、除菌のためにパストリーゼを振りかけます。週末はマグカップなどと一緒に「オキシクリーン漬け（通称：オキシ漬け）」し、細かい汚れを取り除きます。

ママの声

お茶ではなく水を水筒に入れているだけなので、平日は洗剤ちょっと垂らしてフタを閉めて振って洗ったらおしまいのときも多いです。週末はハイターを入れています。／yo_idu さん

気になったらオキシ使う点では同じです。メラミンスポンジの管理をするのが苦手なので、洗うスポンジは無印良品の柄がついたスポンジで洗っています。／liuyang7624 さん

USBの差込口を毎回裏表逆に入れてしまいそのたびにやり直す

#名もなき家事
総選挙
第72位
あるある

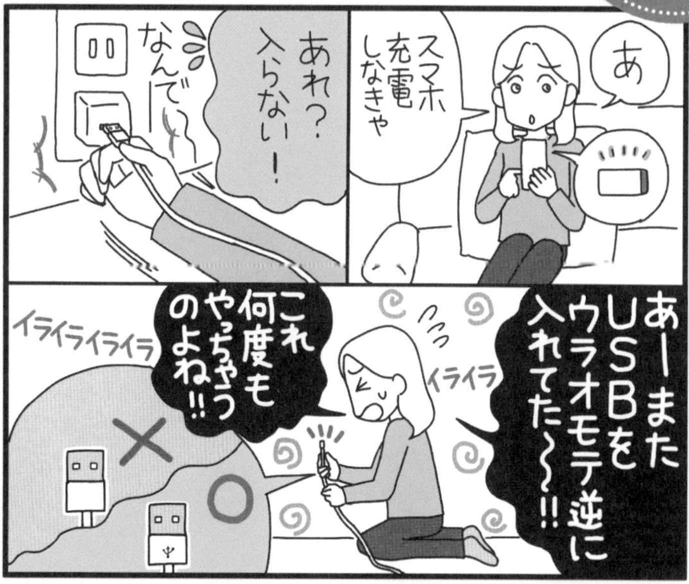

コンセントに挿している電源アダプターに、充電ケーブルのUSB接続口を毎回裏表逆に入れてしまい「アレ？ 入らない…」とひっくり返す。毎回「今度こそ大丈夫」と思って間違え続ける進歩のない私…。

問題の本質はズバリココ！

パッと見で向きを判別できない

問題

これで解決！

アダプタとケーブルの差し込む方向同士に同じシールを貼っておく

イライラ
95％
カット！

毎日欠かせない携帯電話の充電で、アダプタにケーブルの差込口を上下逆に入れてしまうのを防ぐために、本来入れるべき方向同士にシールを貼って「見える化」しておきます。

ママの声

先日香村さんにインスタライブで教えてもらってから、さっそくわが家でもやっています！／utakatahoneyさん

これ、いい!!!! 急いでいる時にかぎって裏向きに充電しようとしてしまい、いつも「えっ？ なんで??」ってなっていました（笑）。／cleanup_angelsさん

冬の朝、カーテンにびっしりついた結露をあわててふきとる

#名もなき家事 総選挙
第73位
掃除

冬の朝、結露だらけの窓をカーテン越しに触ってカーテンが濡れるとイラっ…。やめてー！ カビになっちゃうよ～。そのカーテン洗うの誰？ 床に落ちた水滴をふき取るのだれ??

問題の本質はズバリココ！

結露でカーテン濡れる

問題

これで解決！

子どもが窓にお絵描き。最後にスクイジーでふき取ってもらう

家族のヤル気 15% UP!

「触らせないのではなく、触って掃除してもらう」という逆転の発想。子どもにお気に入りの掃除グッズを持たせると、喜んで手伝ってくれます。お風呂の鏡も同じ要領でやってくれます。

ママの声

いいですね！ 毎日窓掃除もできてステキな仕組みだと思います。／tome_ito さん

小さいお子さんがいるお宅はいいかも！ わが家は朝一番で空気の入れ替えがてら窓を開けています。／motoki_kaori さん

取れないとわかりつつ コップの茶渋を スポンジでこすり続ける

#名もなき家事
総選挙
第74位
掃除

どれだけ泡をつけてゴシゴシしても取れない、茶渋汚れとの戦い…。ふだんは見て見ぬフリをしているコップの茶渋。来客があるとわかってあわてて洗い直すも、まったく取れる様子ナシ…。

問題の本質はズバリココ！

チリも積もれば山となる

問題

これで解決！

酸素系の漂白剤を使い一発で解決する

イライラ80％カット！

酸素系漂白剤（オキシクリーンやワイドハイターEXパワー）を40〜60度のお湯に入れて泡立て20分ほど漬けて、サッとこすって洗い流せばスッキリ。週に１度とルール化。他のモノも一緒に入れてもOKです。

ママの声

かつては面倒なことは後回しにして、来客時に茶渋みて慌ててました。今はまとめてやるために１つ見つけたら汚れていないモノもまとめて道連れにしてピカピカに。／tome_itoさん

メラミンスポンジで撫でたらキレイに取れますよ。スポンジが入りにくい場所には酸素系漂白剤のワイドハイターを使っています。／yo_iduさん

#名もなき家事
総選挙
第75位
掃除

掃除機の中のゴミを取ったあと、細かいパーツを掃除する

掃除機をかけるのを手伝ってくれるものの、吸わない、動かない、充電がないなどのトラブルが発生するとすぐ「おかあさ～ん」…少しは覚える姿勢を見せてくれ～！

問題の本質はズバリココ！

家電の故障はママに聞け

問題

これで解決！

掃除機自体にトラブルシューティングを貼っておく

家族のヤル気30%UP!
「こんなときは？」
をシェア。

家族は「フィルターを外して掃除する」の必要性すら知らなかったりするので、マニュアル化して掃除機自体に貼っちゃいました。もちろん、みんなが覚えたら取ってしまってOK。

ママの声

これ、大事ですよね！いつもお母さんが家にいるとは限らないし。／yo_iduさん

掃除が終わったらゴミを捨ててね！というシールを掃除機の先端に貼りました！これで次に使う時は、ゴミが全部捨ててあるはず!!／ern.homeさん

洗濯機の奥にたまりにたまったホコリを取り除く

#名もなき家事 総選挙
第76位
掃除

ドラム式洗濯乾燥機のフィルター掃除って、ふだん見えないしできるなら避けたい家事。でも、サボっているといつの間にか故障し、エラー音が止まらない。原因がフィルターと気づかず業者さんを呼ぶハメに…。

問題の本質はズバリココ！

見えない部分の汚れに気がつかない

問題

これで解決！

洗濯機に「毎週土曜に確認」と貼っておく

家族のヤル気 30% UP!

「いつ何をするか」をラベルに書いて貼っておくことで、行動を認識しやすくなります。名づけて「やることラベリング」。あえて手書きで書く方が、家族の目に留まりやすいです。

ママの声

書いておかないとやらないし忘れる。私も含めて家族全員そのタイプなので「やることラベリング」必須ですね。／tomokokitahalaさん

おお！いつ使うかで在庫も管理しやすいですね！／kanatair923さん

#名もなき家事 総選挙
第77位
片づけ

読み終えた新聞や雑誌をひもでまとめて廃品回収に出す

家族が読み終えた紙類を一か所にまとめ（意外と重い）、「新聞」「雑誌」と分別してそれぞれひもで結んで、廃品回収に出す、という作業。後始末的な作業なので誰にもほめられない…。

問題の本質はズバリココ！

後始末はどうしても後回しにしがち

問題

これで
解決!

玄関横にハサミとビニールひもをセットにした新聞置き場を作る

毎回
3分
時短!

道具は玄関。
あとはやるだけ。

家族を動かすためには、行動の動線上に道具を置くことが大事。「新聞を入れた箱が7割がた埋まったら、縛って廃品回収に出す」というようにルール化しておきます。

ママ
の声

まねして置いてみたら、大正解！夫も便利なようで「ハサミどこ?」など聞かれなくなりました。／kaaan.chiさん

新聞は取っていないのですが、段ボールでやってみました！玄関にハサミと紐があるとものすごく便利ですね！／ayusupi62さん

洗濯機の電源ONを家族に頼んで忘れられ結局自分でやる

#名もなき家事 総選挙
第78位
コミュニケーション

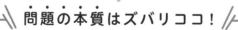

たまに家族に洗濯機ONを依頼すると「ママごめん、忘れてた〜」。え〜? あれだけ頼んでおいたのに…。明日の体操着、どうしよう…。

問題の本質はズバリココ!

急な家事の依頼は忘れられる

問題

これで解決！

夜最後に入浴した人か、朝最後に家を出る人がONする

家族のヤル気30%UP!

最後にお風呂の人が
ON。

「急な家事のお願いはまず覚えてもらえない」と割り切って、最後に入浴した人、最後に寝る人、最後に家を出る人、最初に帰宅した人…。シチュエーションに合わせてスイッチONする人を決めておくと、うまくいきます。

ママの声

この案を聞いて、5歳児にもわかるようにモード設定を短縮機能に登録し、押すボタンを色付けしました！めちゃめちゃ便利で自分の中で革命になり、昨日なんて夫が「操作の設定したの？すごいラク！」とわざわざ言ってくれました。／ern.homeさん

わが家では、その日最後にお風呂に入った人が洗濯機を回すことにしています。／_cocoti_さん

#名もなき家事 総選挙 第79位
子育て

母親だけが子どもの日々の勉強につき合わされる

毎日の宿題、見るのはいつも私。特に小学生の漢字テストは、家でどれだけ復習したか結果に出るもの。だけど、それも私が見るの？ 夕方は食事の準備や習いごとのお迎えでバタバタなんですけど…。

問題の本質はズバリココ！

子どもの勉強をお母さん任せにしすぎ

問題

これで
解決！

毎週末に「お父さんテスト」を実施する

家族の
ヤル気
50%
UP!
土曜日は
「お父さんテスト」の日。

90点以上でおこづかいゲット！ 子どもの方から「お父さんテストやって～」と言われるように。チャチャっと5分で作るか、市販の問題集でもOK。子どもの学習レベルを夫婦で把握できて一石二鳥！

ママの声

あえてお父さんとのコミュニケーションってところに憧れますし泣けます！ 大きくなって父とやったことを思い出したり、夫は夫で懐かしいなんて話すのを想像するだけでも…涙。／kaaan.chiさん

素晴らしい!! お父さんにも緊張感が生まれますね。高校生くらいになったら問題作る方もドキドキしそうです。／kanatair923さん

#名もなき家事 総選挙
第80位
子育て

子ども同士の気まぐれな「遊ぼう」の約束に振り回される

小学校低学年の子どもの「今日遊ぼ」約束があいまいすぎる問題。「遊ぶ約束した！」「何時に？ どこで？」「えーと…わかんない」「（ピンポーン）こんにちは〜！」で結局、お母さん同士で電話調整することに。夕方のバタバタ時間にやめてくれ〜。

問題の本質はズバリココ！

子どもの約束は突然で適当すぎる

問題

これで解決！

前日までに「日時・メンバー・場所」を書いた紙を渡してしくみ化する

毎回 **10分** 時短！

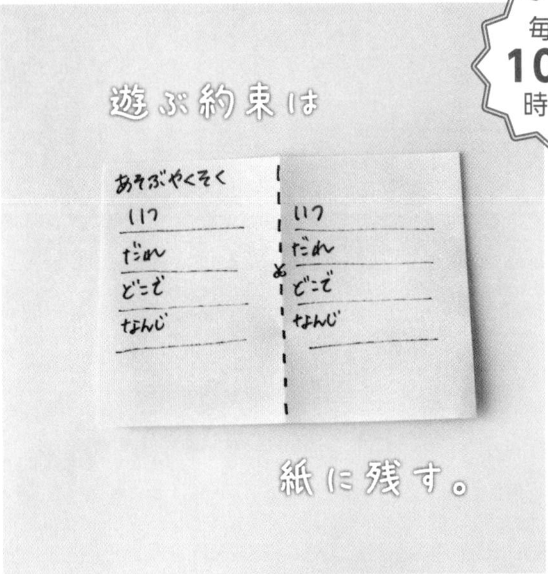

親同士が連絡を取り合うハメになるのを防ぐために、「前日までに決め終わる」「日時・メンバー・場所の三点をハッキリさせる」しくみを導入しました。メンバーを勝手に増やさないことも、大切なルールにしています。

ママの声

紙のシステムいいですね！ わが家は公園で遊ぶことが多いのですが、紙に解散時間も書いて前日までにわかっていたら安心ですね。／tome_itoさん

うちはもう勝手にやらせています。約束した時間と場所に行っていなかったら帰って来なさい、で終わりです。周りもそんな感じです～。／yo_iduさん

61～80位までを振り返って

ここでは、すぐに実践できるラベリング系の工夫が多くランクインしています（61位、62位、75位、76位）。

ラベリングというと、「シールタイプ」「オシャレな英語で」というイメージがある方もいると思いますが、ここでは、マスキングテープと油性ペンで気楽に書けるものばかり。むしろ**整ったラベリングだと風景化してしまって家族にスルーされやすいので、逆におどろおどろしい字で書いた方が目について効果的かもしれません（笑）。**

また、65位の解決策はインスタライブで「何に困ってる？」と聞いたときにフォロワーさんから教えてもらったもの。実際に「わたしもー!!!」という共感の声がたくさんあり、さらに解決法もフォロワーさんから教えてもらいました。**毎朝のお箸ケースのセッティングに悩んでいる方にピッタリだと思います。**

72位の解決策も、友人に教えてもらったもの。
「わが家では家じゅうの電源ケーブルにペタペタと貼っていますよー」とご紹介すると**「いますぐやります！」**という声があいつぎました。
パッと見てわかる、まさに**「見える化」**ですね。

第81位

第100位

子どもの大量の夏休みの宿題をエンドレスにヘルプする

＃名もなき家事
総選挙
第81位
子育て

いまの小学生、夏休みの宿題多すぎ…。夏の友的なドリル（しかも親が採点する）、毎日の暗算カード読み上げ、国語、算数のプリント、読書感想文、自由研究、詩の作成、絵日記２枚、毎日の記録、あさがおの観察etc…しかも、子どもはやる気ゼロ…。

問題の本質はズバリココ！

宿題ヘルプの大変さを夫婦で共有できてない

問題

これで
解決！

種類と提出期限を見える化し、大人のチェック日をつくる

毎回
30分
時短！

サッと手に取れるように筆記用具と一緒に、目に入りやすい場所に置いておきます。わが家の場合はリビングで一番目立つ棚に左が弟、右が兄というように文具もセットで定位置化。種類ごと・提出日がわかるようにしておくと、達成感が得られて吉。

ママの声

先生からのプリントの文字からは推し量れない量を見える化するのは大変ですよね。夏休みを３つに分けて管理エクセルを作ってみました。／tome_itoさん

わが家はテーブルに出しっぱなしにして、終わったモノから片づけていました。／utakatahoneyさん

#名もなき家事 総選挙 第82位 掃除

ソファやテレビ台の下に入り込んでしまった大量のオモチャを救出する

転がりやすいオモチャがすぐにソファの下に入っていく。子どもが「ない！ ないよ!!」と泣くので一緒に探してあげると、たいていソファの下から出てくる。そこからほじくり出すのにもひと苦労…。

問題の本質はズバリココ！

ソファ下の絶妙に手が届かない空間

問題

これで解決！

ソファの下に季節外の布類を入れておく

イライラ
80％
カット！
ソファたるもの
隙を見せてはならぬ。

夏は「冬に使うホットカーペット」。冬なら「夏用のラグ」。オモチャが紛れ込みやすいソファー下にクルクルとまるめて収納しておくことで、奥に入り込むことがなくなります。

ママの声

なるほどです！ソファの下ってものが沢山はいっちゃうんですよね～実践してみたいです！／tome_itoさん

すごい！下に詰め込んでおけばラグなどに埃もたまりにくいですね。やってみようかな。／kumicon83さん

家族用のペットボトルを買って洗って分別して捨てる

#名もなき家事 総選挙
第83位
片づけ

夫はハイボール用、子どもはコーラ用→家の中に運ぶ→飲みさしを捨てて洗って分別して捨てる。この作業量ハンパない…。その苦労を知らずに気やすく「買ってきて~」と言ってくる家族にイライラ…。

問題の本質はズバリココ！

購入から処分まですべてが重労働

問題

これで
解決！

炭酸水メーカーを導入。各自で作る

イライラ
85％
カット！
買わずに
作る。

わが家で愛用する「ソーダストリーム」ではガスシリンダー１本（税込2160円）で60 ℓ の炭酸水が作れます。コストとボトルを捨てる手間が省けて一石二鳥。グラスの汚れも牛乳に比べれば雲泥の差です。炭酸水好きなら、マストバイ！

ママの声

コスパもいいし、重いモノを運ばなくて良いので腰にも優しい！／yukko_starさん

うちの夫も一年中炭酸水を飲むので、毎月炭酸水を箱買いしています。本当に重いし処理が面倒！ 炭酸水メーカーを検討してみます。／yo_idoさん

サイズが近い兄弟姉妹の服がどちらのものかわからなくなり確認する

#名もなき家事 総選挙 第84位

整理

体操服など兄弟で同じ柄の場合、サイズ表記が薄れていたり、兄弟間でのお下がり服もある場合、間違えて収納してしまいがち。子どもはイライラ、それを指摘されて親もイライラ…。

問題の本質はズバリココ！

サイズタグの印字が薄れて判別不能

問題

これで解決！

タグにつける●の数で見分ける

○の数でわかる。

家族のヤル気
50%
UP!

タグに長男は●、次男なら●●と黒マルをつけます。これならお下がりの場合も印を追加するだけですむし、字が読めない子どもでも見分けがつきます。

ママの声

うちの兄弟はワンサイズしか変わらないのでどちらを着てもいいことにしていますが、これなら簡単で分かりやすいですね。マジックペンはどこの家にもありますしね。／tome_ito さん

名前を書くときは二重線で消していましたが、これならその手間も要りませんね。保育園の洗濯物にもやってみます！／ern.home さん

#名もなき家事 総選挙
第85位
子育て

夜中に「怖い」と起こされ子どものトイレにつき合わされる

「暗いから怖い」と言われ、しかたなく電気をつけてつき合う日。トイレが終わるまで待っているとだんだんと目がさえてきて、そのあと結局私だけ眠れなくなるという…。

問題の本質はズバリココ！

夜中に起こされる

問題

これで解決！

トイレまでのルートに人感センサーライトを置いておく

イライラ70％カット！

写真の人感センサーライトは、ひっかけたり持ち運べたり、と便利！ほかにタイマー式で午後10時～午前4時までぼんやりと照らす間接照明も取り入れています。ライトはIKEA製です。

ママの声

トイレまで明るければ怖くないですもんね。わが家は寝室のすぐ隣がトイレなので困っていませんが、これは良さそう！／ern.homeさん

最初からセンサーライトがついていますが、それだけだと足りなさそうです。／utakatahoneyさん

#名もなき家事 総選挙 第86位

子育て

子どもの「お留守番デビュー」が心配でダッシュで帰る

留守番できてる？ 戸締りできてる?? ちゃんと宿題やってる??? 勝手に火使ってない???? ピンポン鳴ってもドア開けてない?????…気になりすぎて、結局ダッシュで帰る私…。

問題の本質はズバリココ！

子どもが心配すぎて落ち着かない

問題

これで解決！

SONYの「MANOMA」でスマートホーム化する

スマートホーム化で
子どもにリアルに
目が届く。
家族のヤル気
30%
UP!

ライブカメラで子どもの様子を確認でき、家にいる家族との会話が可能なSONYのサービスMANOMA（マノマ）。カメラの人感センサーで侵入者の検知アラート通知機能も。月額2480円＋税でスマートホーム＆セキュリティ機能を実現できます。

ママの声

SONYのMANOMAのサイト、さっそく見ました！ いいですね〜!! 検討してみたいと思います。／tome_itoさん

最高！ 私の住んでいる地域は田舎すぎてそんなシステムがあるかどうかわかりませんが、子どもが煩わしく感じないならOKです！／yappuunさん

#名もなき家事
総選挙
第87位
子育て

子どもの入学後の新生活の準備でてんやわんやになる

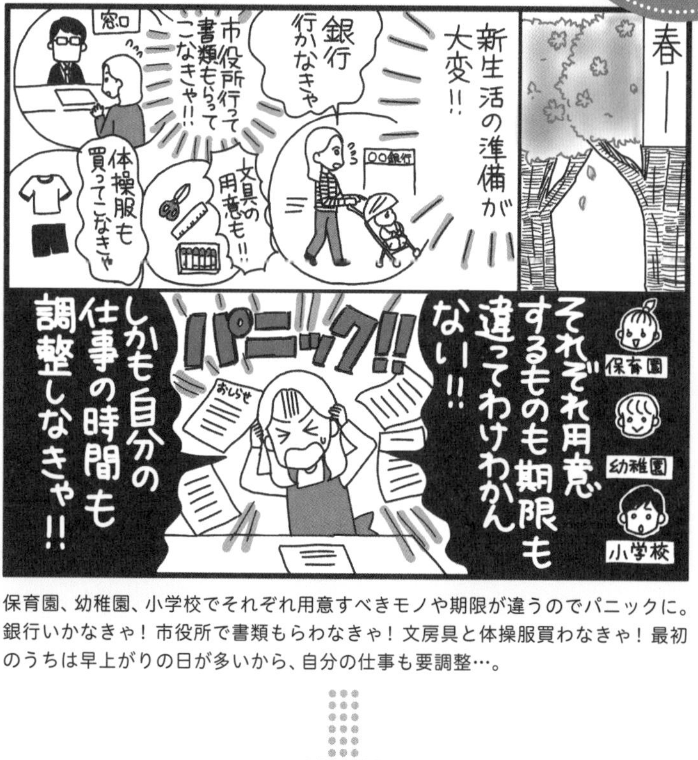

保育園、幼稚園、小学校でそれぞれ用意すべきモノや期限が違うのでパニックに。銀行いかなきゃ！ 市役所で書類もらわなきゃ！ 文房具と体操服買わなきゃ！ 最初のうちは早上がりの日が多いから、自分の仕事も要調整…。

問題の本質はズバリココ！

入学準備でやることの全貌がわかっていない

問題

これで解決！

To do リストを作る

毎回 **30分** 時短！

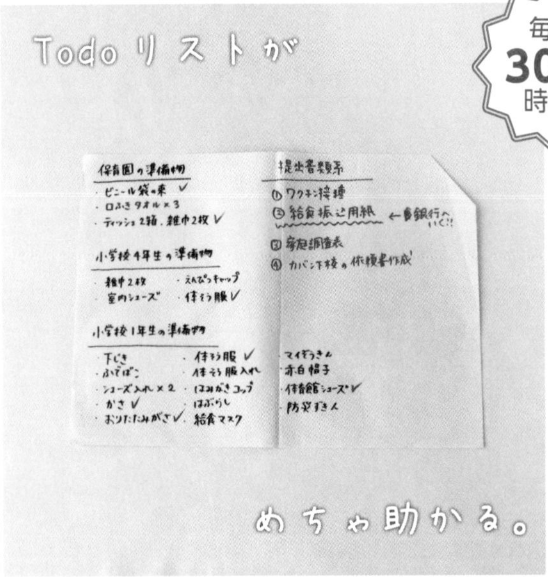

リストを作る時間がない！ という人にこそやってほしいです。「リストの中から家族にシェアしてもらう！」と思って具体的に書き出しましょう。

ママの声

本当ですよね！ 入園入学の準備は整ったか？ と夫に聞かれます。見える化しておけば「私の家事かよ」と卑屈にならずに「これ見て〜あなたも手伝って」と言えるかも。／anmitsu_interior_musicさん

保育園の準備も、私の出産のときの準備にもリストを作って大正解でした。／utakatahoneyさん

子どもに家の合い鍵を持たせてなくされ作り直してまたなくされる

#名もなき家事 総選挙
第88位
子育て

「今日はお母さんお仕事が間に合わないから、この鍵でおうちに入ってくれる？」と合い鍵を渡すとなくされる。隣の家のママが気づいてくれて、電話がかかってくる。これで2回目…とほほ。

問題の本質はズバリココ！

子どもはとにかくカギをなくしやすい

問題

これで解決！

ソニーのアプリ「Qriolock」で、玄関の鍵をスマホから開閉する

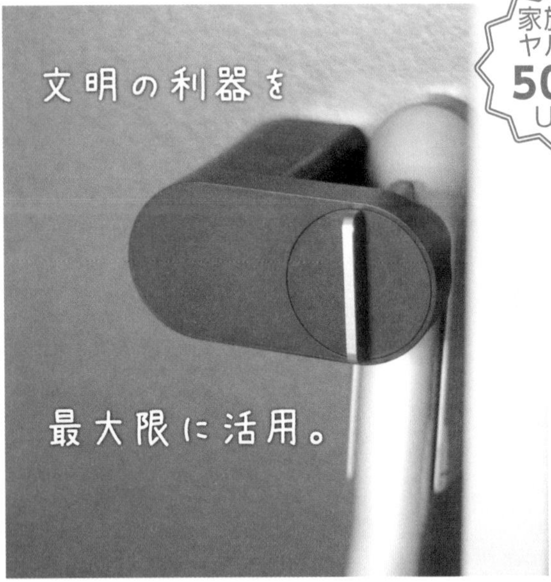
文明の利器を
最大限に活用。

家族のヤル気50%UP!

スマホから玄関の鍵を開閉できる「キュリオロック」。もう子どもに鍵を持たせなくても大丈夫！オートロック機能（ドアが閉まると鍵がかかる）やハンズフリー機能（近くまで来ると自動で鍵を開閉する）もついています。

ママの声

子どもが自分で鍵を開けて入れても、一度も内側から締められたことがないので、私が仕事で外にいる時も締められるというのはとてもいいと思いました。導入してみたいです！／tome_itoさん

これ、娘が小学生になったら導入したいです。いままさに「子どもが帰ってくる～」と急いで帰りましたが、そういう心配や、子どものカギの紛失の心配もなくなりますね。／ern.homeさん

オモチャを片づけない子どもに業を煮やし大声で注意する

#名もなき家事
総選挙
第89位
子育て

次から次にオモチャを出して、興味がなくなったら放置。そのうち小さいパーツを踏んで号泣。「ちゃんと片づけないからよ」からの「お母さん手伝ってー」…。毎日同じことのくり返しが続くと、さすがに「片づけなさ～い！」と言いたくなる！

問題の本質はズバリココ！

異なるオモチャ同士が混ざって見分けがつかなくなる

問題

これで解決!

同じ種類のおもちゃは一種類しか出さない、とルール化する

毎回
10分
時短!

片づけで一番時間がかかるのは「分ける」作業。トランプやブロック、パズル同士が混ざると悲惨ですよね。1ジャンル1種類だけ出し、飽きたら別のもの（2軍）と交換するシステムがオススメ。

ママの声

ジグソーパズルが混ざってしまい、結局捨てることに。子どもに「もうママはこんなの解決する体力も根気もないんだよ」と女優になりきって話すうちに、本当に泣いてしまいました…。／kaochi5623さん

次のオモチャに興味がいく前に片づけるか、遊ぶ場所をオモチャごとに固定するようにしています。／utakatahoneyさん

＃名もなき家事
総選挙
第90位
整理

一番上のタオルだけ使うことにならないようストックを入れ替える

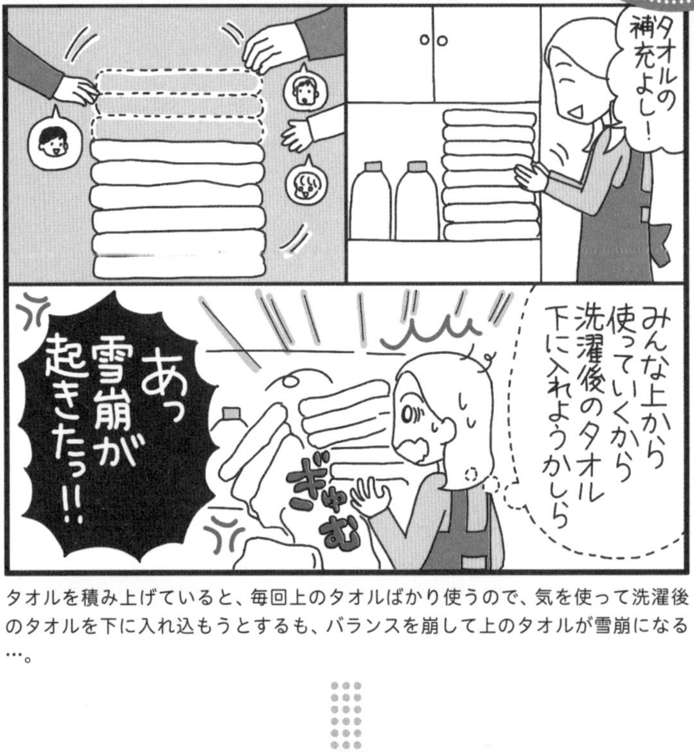

タオルを積み上げていると、毎回上のタオルばかり使うので、気を使って洗濯後のタオルを下に入れ込もうとするも、バランスを崩して上のタオルが雪崩になる…。

問題の本質はズバリココ！

みんな一番上のタオルしか取らない

問題

これで解決！

タオルは立てて収納し、「ところてん方式」で使う

家族のヤル気 20% UP!

「使う人は手前から、洗ったあとに収納するのは奥へ」とすれば、タオルが循環し劣化速度が揃います。次に買い替えるときはメーカー・色を揃えて見た目もスッキリ。「こっちから取ってね」と書いておきましょう。

ママの声

元コンビニ店員なので、「先入れ先出し」大好きです。タオルも縦に収納すれば実現可能なのですね！この方式で何とか劣化スピードを揃えたいなって思いました！／tome_itoさん

ラベリングはしていませんが、みんな手前から取っていくので洗ったタオルは奥から突っ込んでいます。／anmitsu_interior_musicさん

お掃除ロボを走らせる「道」を作るために結局掃除する

#名もなき家事
総選挙
第91位
掃除

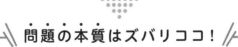

散らかったモノを棚の上に上げたり、スマホの充電コードや風船の紐（水素が抜けて落ちてきたやつ）を巻き込んで故障しないように、結局片づけをすることに…。

問題の本質はズバリココ！

床のモノが邪魔でロボが走れない

問題

これで解決！

ロボ始動の時間を決め、その前に家族で片づける習慣をつける

はーい！動かすよー。
家族のヤル気
35%
UP!

わが家では毎朝8時に片づけタイミングを設定し、お掃除ロボを稼働させています。床に散らばっているモノを片づけるきっかけになるという意味で、最適な家電です。

ママの声

みんなでやろうというきっかけづくりにもなるし、ルンバに吸われたくないからオモチャも片づけてくれそうですね。／yo_iduさん

わが家では朝がかけるタイミングです。毎日ルンバをかけていますが、ほぼ床にモノを置かないように気を付けるようになりました。／tome_itoさん

#名もなき家事 総選挙 第92位 子育て

お店でギャン泣きする子どもを必死の思いで泣き止ませる

家の中はともかく、外で号泣されると本当に困る。「あれ買って〜」「まだ帰りたくないー」あの手この手で泣き止ませようとするものの、いっこうに効果ナシ。泣きたいのはこっちだよ…。

問題の本質はズバリココ!

買ってもらえるまで泣き止まない

問題

これで解決!

防犯カメラを指差し「泣いてるところ見られたら連れて行かれるよ」と言う

イライラ70%カット!

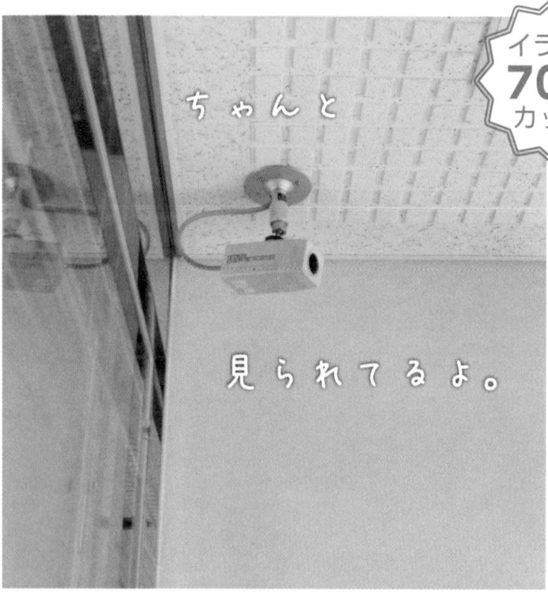

ほとんどのお店にカメラがあるので、「しっかり監視されている」ということを伝え、他者の目を意識することを学ぶのにもよいと思います。小さな子どもは怖がってすぐ泣き止みます。

ママの声

この案、さっそく試してみました! 周りの子どもでは、9歳と5歳は泣き止みました。でも2歳は理解不能でダメでした。/anmitsu_interior_musicさん

一時期「鬼が来るよ〜!」というのが子どもに効くと聞きましたが、それよりもマイルドでいいですね。/utakatahoneyさん

災害時用の備蓄品の量と賞味期限を定期的にチェックして補充する

#名もなき家事
総選挙
第93位
整理

災害時に備えて食品はそろえてなくちゃね!!
でも
・どこに置くか
・何を買うか
・何個買うか
・賞味期限
・家族への伝達
けっこう大変だ～!!
あれ?このレトルトカレー賞味期限切れてるよ
カレー
あはは…
あれそうだった?
イラッ
だったらわたし一人に管理させないでーー!!

災蓄品をどこに置く？ 何を買う？ 何個置く？ 賞味期限は大丈夫？「ここにあるからね!」と伝えるのも全部私。たまに「これ、賞味期限切れてるよ」と夫に言われてイラッ…。

問題の本質はズバリココ！

備蓄したこと自体を忘れる

問題

これで解決！

毎週金曜は備蓄実食日。ローリングストックを心がける

イライラ
90％
カット！

家族みんなで3日分！ を意識して、「この箱に7割は常時入れておこう」と目安をもっておきます。金曜日はその試食の日にすれば、ママも食事の準備がラクに。

ママの声

なるほど！ ホントにラク出来るし、賞味期限を気にしないで補充できるし、ナイスアイデアですね～／azu0238さん

いざ災害って時に食べえ慣れたモノを備蓄するという点がいいな、と思いました。レトルト系は基本的に賞味期限が長いので、積極的に回したいです。はじめは2週間に一度とかでもかなり効果があると思いました！／tome_itoさん

季節の変わり目、夜中に思いがけない寒さで目覚め羽毛布団をひっぱり出す

#名もなき家事 総選挙
第94位
あるある

夜中に寒くて目が覚めて、押入れの奥から羽毛布団を引っ張り出す。重くて疲れるし、がたがた音がして子どもも目覚め、電気をつけているので全員覚醒…。季節の変わり目に毎回やってしまいます。トホホ…。

問題の本質はズバリココ！

室温と使う寝具がリンクしてない

問題

これで
解決！

この室温ならこの寝具！と決めておく

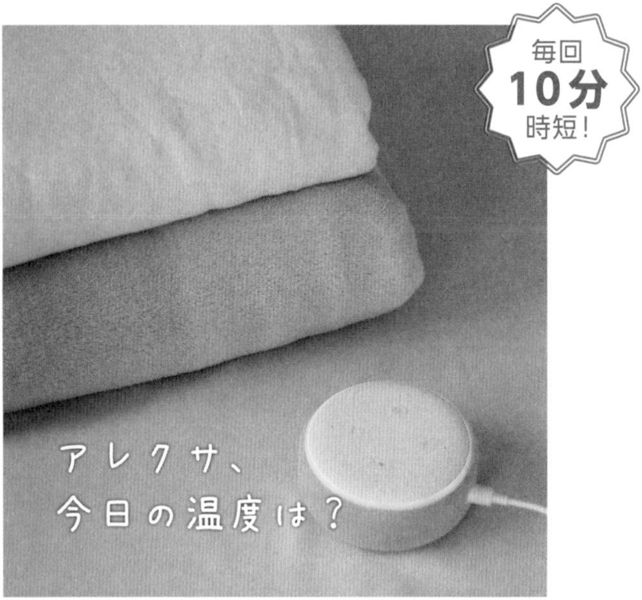
毎回
10分
時短！
アレクサ、
今日の温度は？

タオルケット：25℃以上、薄手の掛け布団：15℃～25℃、薄手毛布：10℃前後、羽毛布団：10℃以下、と室温ごとに使う寝具を決めています。

ママの声

なるほどです～！ 室温という数字で判断できるって便利ですね。夜中に起きてエアコンの温度変更をすることがよくあるのですが、同じことだなって思いました。これからはアレクサに聞いてから寝ます！／tome_itoさん

わが家はなんとなーく、その月で決めています。／utakatahoneyさん

#名もなき家事
総選挙
第95位
子育て

学校からの「おたよりプリント」を親が読んで把握する

学校からの日々のおたより。内容ごとに緊急度が違うのに、把握するために内容を読み込む時間がない。すぐに提出する書類も多いから、放置もできない…。だれか、緊急度順に分けてー！

問題の本質はズバリココ！

緊急度に合わせて対応するので時間がかかる

問題

これで解決！

夜テレビを観ている大人がやる

毎回**10分**時短！

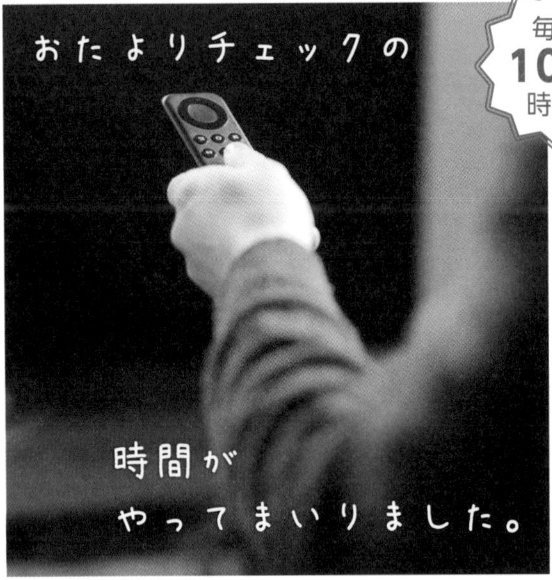
おたよりチェックの
時間が
やってまいりました。

テレビを観られるほど自由時間があるのね、ってことで夫がやることが多くなります。対応まで頼めなくても、文章を読んで大切な箇所を読み上げてもらうだけでも助かります。

ママの声

夫の帰りが遅いので、基本私がメインです。おたよりを見てほしくて一応、リビングに置いておきます。／utakatahoneyさん

うちは夫には任せられないので、おたよりをもらったらすぐに目を通しその場で対応しています。後で…と思うと永遠に忘れてしまうので。／yo_iduさん

玄関に脱ぎ散らかされた家族の靴を一人で片づける

#名もなき家事 総選挙 第96位 片づけ

玄関に靴が左右バラバラで脱ぎ散らかされている。運動靴とクロックス、など一人あたり約2足。両手に買い物袋を持って帰宅してその靴の山をまたげなくて、足がプルプル…。

問題の本質はズバリココ！

靴を靴箱に戻すの面倒

問題

これで解決！

収納場所をラベリング。帰宅まで開けっ放しで楽にしまえる工夫をする

毎回
3分
時短！

靴もおうちに
入れてあげよう。

学校の靴箱を参考に、靴の収納場所を決めてラベリングを。さらに扉を開けっ放しにして、最後に帰る人が閉めるようルール化すれば換気もできて一石二鳥。あらかじめスリッパを入れておいて交換するのもアリ。

ママの声

靴箱の中にもラベリング！ 靴の数も定位置も決められてすごくいいですね！ あえて開けっぱなしか、なるほど～！／anmitsu_interior_music さん

1人ずつスペースとラベルを作るのステキです。玄関のたたきに揃えて脱ぐためのしかけを作ろうかと思っていましたが、靴箱に入れてくれる方が嬉しいですね！／tome_ito さん

#名もなき家事
総選挙
第97位
コミュニケーション

つけっぱなしになった部屋の電気を毎回消してまわる

掃除機をかけるために子どもの部屋に入ると、「電気点けっぱなし！」と気づき、「電気ちゃんと消そうね」「はーい」と返事したのに、また部屋に入ると電気が…。ぜんぜん聞いてないだろー！

問題の本質はズバリココ！

あたりまえのことほど気づかない

問題

これで
解決!

アレクサなどのスマートスピーカーを活用する

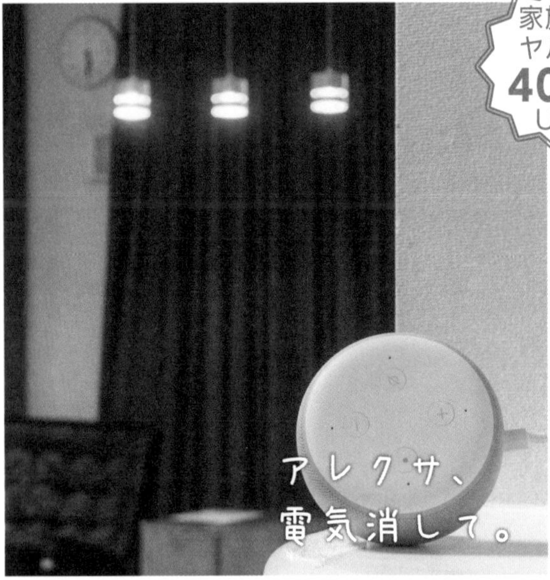

家族の
ヤル気
40%
UP!

音声を使って家電の操作をする場合は、「スマートスピーカー」と「スマートリモコン」が必要になります。家電は赤外線操作可能なモノが対象です。アレクサを使う！となると、子どもたちも喜んでやってくれます。

ママ
の声

アレクサを持っていないので、わが家は指差し確認で電気の消し忘れをチェックしています。／utakatahoney さん

インテリジェンスホーム！まだそこまで設定できていないのですが、やりたい!! 家のメカ担当（夫）に申し入れします。／tome_ito さん

#名もなき家事 総選挙
第98位
片づけ

テーブルの上に置きっぱなしのゴミを毎回ゴミ箱に捨てる

お菓子の空き袋、消しゴムのカス、ミカンの皮など、ちゃんと捨てようね！と言っても、そのときは返事だけ、席を立つときには忘れていつもそのまま…。テーブルの上はゴミ置き場じゃないっつーの！

問題の本質はズバリココ！

「誰かが捨ててくれる」という他力本願

問題

これで解決！

手を近づけると自動で開閉するゴミ箱にする

家族のヤル気 30% UP!

ゴミは少しでも
ズボラに捨てたい。

手をかざすと自動開閉するゴミ箱なら、特に子どもは大喜びして捨ててくれます。わが家はZitA（ジータ）。センサータイプのゴミ箱にはフタが上に開くタイプと左右に開くタイプがあるので、設置場所の上空間に合わせて選びましょう。

ママの声

うちもセンサーゴミ箱使っています。家族全員気に入っています。長男が名前つけそうなくらいです。こういうゴミ箱にすると、他のゴミ箱要らないな！と思えて、家のゴミ箱がこれだけに。／tome_itoさん

うちも使ってまーす。フタが上に開くタイプは空間が必要だけど、ZitAなら左右に開くので問題なし！／kaorinrin259さん

#名もなき家事 総選挙 第99位 あるある

消耗品のストックがいつの間にか切れていてあわてて買いに行く

子どもとプラレールで遊んでいると、電池が切れて動かなくなり、泣き出す。夫から「ねえ、電池ないよ」と言われてあわてて買いに…。ねえ、電池の在庫管理って私の仕事…?

問題の本質はズバリココ!

「消耗品はママが買うでしょ」

問題

これで解決！

乾電池を入れるときに「残り2個で補充！」と書いておく

家族のヤル気
30%
UP!

電池は残り2個で補充しよう
ラベルで
伝わる。

乾電池は残り2個、可燃ごみの袋は取り換えた人がラス1だったときに「ラストです！」と申告するルールに。申告のタイミングで言い忘れがあった場合、その人が買いに行くルールにしています。

ママの声

在庫がなくなってから「今度買いに行こう♪」で忘れていくパターンです。これ、真似っこさせてください！／cleanup_angeisさん

わが家では残り1か2個になったら、設置しているホワイトボードに記入するルールにしています。／utakatahoneyさん

リビングにほったらかしのものをいるかいらないか家族に聞いてまわる

#名もなき家事 総選挙 第100位
片づけ

あちこちに散らばる物、物、物…
どうみても今使ってない…
使ってないものは片づけなさい!!
この折り紙は誰の? 鉛筆は?
イラ イラ
ぼくのじゃなーーい
それぼくのーー
いちいち誰のかきくの面倒!! 毎回おっくうだわ〜〜〜
くるま

リビングに散らかっている子どもの鉛筆、オモチャのカード、折り紙など。勝手に捨てるとトラブルになるから、「これ誰のもの?」と家族にいちいち聞いていくのがおっくうでかなわん…。

問題の本質はズバリココ!

「勝手には捨てないでしょ」と甘える

問題

これで解決！

公共施設にあるような「忘れ物箱」を設置。1週間で中身を捨てる

イライラ80%カット！

「忘れ物箱に入っているモノは、誰でも自由に取っていってよし！1週間後には中身を空にする！」とルール化。

ママの声

学校と一緒ですね！人数の多い家や、家族全員が揃う時間が少ないお家にはいいかも！／anmitsu_interior_musicさん

うちにも長男が作った「忘れ物ボックス」があります！旅館とかお店の忘れ物箱にも処分タイミングが明記されていますよね。家なら3日くらいでいいかも！なんて。／tome_itoさん

81～100位までを振り返って

実は今回、全部で150の「名もなき家事」を洗い出し、それを皆さんにヒアリングしながら「ギュッ」とトップ100まで絞りこみました。

そう考えるとこのあたりの順位でも、「あるある度」の高いものが多いのではと感じていますが、どうでしょう？

項目を見ていくと、解決策に最新家電やオススメ商品が多くランクインしているな、と感じました。

86位、88位、91位、97位で挙がったスマートホーム関連のシステムや家電は、皆さん「いつかはほしい！」と声を揃えておっしゃっていました。
私自身家電に話しかけるなんて恥ずかしい…とずっと思っていたのですが、**いまとなってはアレクサは家族の一員ですし、ルンバはかわいいペットのような存在。**
先日なんて車のカーナビに向かって「アレクサ！」と呼びかけてしまったくらい、家族の中で浸透しています。

また、**87位、95位、96位、99位のように夫や家族を家事に巻き込む解決策も多くランクインしました。**

いまさら家族に家事を頼みにくい…という方も、1位から順番に、ご家庭の実情に合わせて、ゆっくりでいいので実践してみてください。きっと「だんだん協力してくれるようになってきた！」と、笑顔が増えている自分に気づくはずです。

ーあとがきー

1位から100位までの「名もなき家事総選挙」、いかがでしたか？

インスタグラムのフォロワーさんたちと時間をかけてやりとりし、ランキングも解決案に対するママの声も、「忖度なし」のリアルを列挙しました。

皆さんのストレートなご意見が面白すぎて、毎回インスタライブでは涙が出るほど笑わせていただきました。中にはすべての項目に対してメッセージをくださる方や、終わった後にはこんな感想をくださった方々も。

「半年前と比べて、同じような一日なのに帰宅後家の中が荒れていない！ でも、まだしくみができていない洗濯物は山積み（笑）。わかりやすい!! わが家はまだまだ革命中です！」

「毎日、『今日はどんなお題かな？』と楽しみでした！ 自分の家事を見直すいい機会になりました。そして、生活が変わってきています！」

本書の解決策を実践いただいた方々の中で、暮らしの変化を実感されている方に共通するのは、「できることから気軽にやってみた」ということ。

●おうちにいる時間があるとき
●産休やご主人が育休を取ってくれるタイミングがあるとき

どの項目からでもいいので、「ちょっとやってみようかな♪」くらいの気持ちで解決策にトライしてみてください。「うまくいった！」「続かなかった！」「家族をもっと巻き込みたい！」などなど、どんな感想でもいいので私まで、ぜひインスタグラムでメッセージをください。必ず返信します。

本書の解決策へのトライが、ご家庭に合った“家族を巻き込むしくみ作り”につながり、家事がラクになってあなたとみんなの笑顔が増え、自然と家族がハッピーでいられるようになることを願っています。

私のインスタグラムはこちらから見ることができます→

最後に、そんなフォロワーさんたちとリアルにお会いし、「名もなき家事座談会」を開催しました。皆さん初対面なのに、以前からの「戦友」のように盛り上がりました！
楽しすぎてあっという間だった座談会は、こちらからお楽しみください→

名もなき家事
座談会

座談会のメンバー

- 著者（香村）…夫と子ども3人（10歳♂、7歳♂、3歳♀）の核家族。
- あんみつさん（Aさん）…夫と子ども3人（9歳♂、5歳♀、2歳♂）と義両親との二世帯住宅。自宅でピアノ教室を主催。
- バンビさん（Bさん）…夫と子ども2人（4歳♀、2歳♀）の核家族。近々育休明けで仕事復帰予定。
- カリンさん（Kさん）…夫と子ども2人（4歳♀の双子）の核家族。ご主人の単身赴任経験あり。ご自身は営業職。

香　村　こんにちは！今日は「名もなき家事座談会」にご参加いただき、ありがとうございます。いま、**皆さんのお手元には本書の「名もなき家事総選挙」1～100位とその解決策の原稿があります。**この中から「やってみたい解決策」「すでにやってみた感想」などをざっくばらんにお聞きしながら進めていきたいと思います。では、さっそく始めましょう！

Bさん　（リストを眺めながら）あ！これ、やりたいです。

香　村　**3位（P31-32）の解決策「（洗濯物の量を減らすために）バスタオルをフェイスタオルに替える」**ですね。コメントをくださった方の中にも、「これやりたい」っていう人多かったです。皆さんの中で、すでにタオル変えたよ！っていう方います？

Aさん　まだやっていないです。

Kさん　やってはいないですねー。

香　村　では、家にバスタオルってありますか？

Aさん　あります。

Kさん　うーん（笑）まだまだたくさんありますね。

Bさん　いつ使うんだ？っていうほど。（笑）。それと、収納方法も引き出しに立てて収納したいと思いつつ…いま棚に積んであります。

Kさん　うんうん。常に上のタオルばっかり使ってる、みたいな。

Bさん　収納を引き出しに変えれば、子どもも取れるし。引き出しの中のモノを棚に置いてタオルと入れ替えたいって思いながら、実行できていないんです。でも、前に香村さんが言ってましたよね。粗品でもらったタオルは雑巾としてすぐに使った方がいい！って。

香　村　そうそう。

Bさん　そういう、よく分かんないタオルが使えていないままです(笑)。

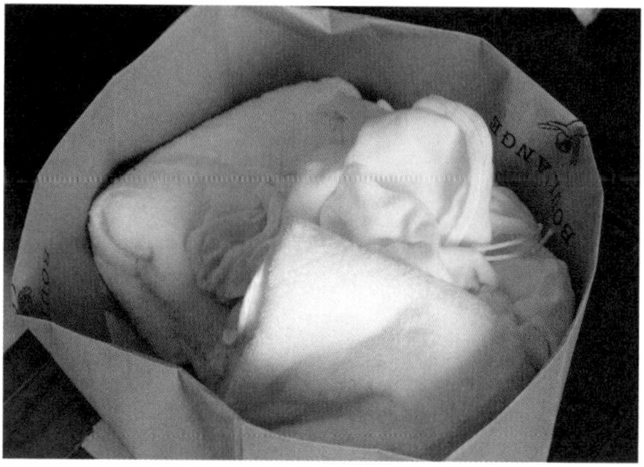

片づけ作業をすると必ず出てくるのが、未使用タオルの山…。

香　村　そうかー。新聞社がくれるようなやつね。

Bさん　ほかにも、すぐにはまだできないけどやりたいのがいっぱいあります。

Aさん　タオルも洗濯機から出したらもうたたまないで、子どもたちがすぐに取れるようにしています。見た目は悪いけど、たたまずくしゃくしゃって…(笑)。

Kさん　どうせ使うからいいよね、みたいな感じで？

香　村　Aさんのところは5人家族だから、しかたないですよ。洗濯機って、1日で何回回します？

Aさん　多くて2回ですね。

香　村　あ、2回でやっていけるんですね。

Aさん　朝でき上がったのと、出かけて帰ってきたときに2回目にでき上がったのがあって、そこで洗濯が終わったタオルって、もうたたむより使ったほうが早い（笑）。タオルも、枚数が少ないと「ところてん方式」にしてもしなくても、結局一緒なんですよね。

香　村　そうですよね、結局使うから…。

Aさん　**少ないと絶対使うので。むしろ、タオルはあまり棚に入っていないかも。**

Bさん　いいですね。タオルの数、減らしたいです。

Aさん　**タオルが棚に入ってなかったら、棚いらないですよね。**

Kさん　それ本当に思います。**洗濯機から直接使ってくれれば。**

Aさん　そうかも。楽チン。

Kさん　うちはバスタオルを一回やめたけど、子どもたちがまだ4歳だから「バスタオルじゃなきゃいやだ」って言って、結局戻しました。でもバスタオルは1人一枚だけです。だから家族の4枚分しかないんです。

香　村　あー、じゃあいいですよね。

Kさん　はい。そこまで苦にならない。

香　村　今回私がインスタで教えてもらった第25位（77・78ページ）の「エアーカオル」っていうタオルには、普通のバスタオルの半分くらいのサイズがあるんです。

Kさん　普通のバスタオル？

香　村　普通のタオルサイズとバスタオルサイズもあるけど、その間に「エニータイムタオル」があって。バスタオルの短辺を縦に半分に切った、細長いバスタオルサイズなんです。

Kさん　ふーん。マフラー的な？

香　村　そうそう。やっとバスタオル信者の夫が許してくれました（笑）。

Kさん　許してくれた（笑）。これならいいと。

香　村　**「バスタオルじゃなきゃいやだ」って言ってたんですけど、長いからいいか、みたいな。**そう思うと、意外とスポーツタオルでもいけるかもしれませんね。

Kさん　ああ、子どもはいけるかもしれませんね。

香　村　うちの子どもは、逆に長すぎて巻いても踏むから嫌なんですって。だけど夫は巻きたいからこの長さはほしい、って。子どもと大人で違うかもしれませんね。

Aさん　うちは「絶対バスタオルにしてくれ」ってみんな言います。中途半端なやつを買ったら、なんだこの中途半端なの、って（笑）。

Kさん　使えないって？（笑）

Aさん　使い勝手が悪いのか、使えないってことで（笑）。じゃあ、と思ってトイレにかけたら今度は長すぎて、ズルって（笑）。だから薄くてもいいらしいです。薄くてもいいけど、包まれたい。だったら薄いバスタオルの形にしよう！って。　ホテルみたいな分厚いのはいらないね、って言っていました。

Kさん　それぞれの家で好みがありますよね。

Kさん　**29位（P85-86）の（洗濯NG服の手洗いを省くための）服のレンタル、やってみたいです。**自分の生活の中で今、月々7、8千円くらいしか服にお金をかけてない現状を考えると、レンタルするといまより逆にお金がかかるから、ちょっと踏みとどまっていて。オシャレさんだったら、絶対いいですよね。

私は、一か月で4着をレンタルしています。

Aさん　うん。**お金かけてる人だったら、やる価値あると思います。**あと香村さんみたいに毎日キレイな服でいないといけない人とか。

香　村　どうしても講演会とかで人前に出ますからね。

Kさん　私は週に半分スーツだから、そこまで私服にお金がいらない。ラウンダーっていう営業もどきなんですけど、週に半分はそれです。

香　村　そっか、じゃあ制服みたいなもんですね。

Kさん　そうなんです。スーツ一着だけ買って制服にしてます。

Bさん　ハイテク機械たちはいつか取り入れたいです。ご飯のやつも。

香　村　はいはい、**21位（P69-70）に出てくる調理家電**ですね。

Kさん　あと、アレクサ！

香　村　**第56位（P141-142）**ですね。アレクサ、お持ちですか？

全　員　持ってないです。

Bさん　ゴミ箱も、このセンサーのやつ。

香　村　**第98位（P229-230）のZitA（ジータ）**ですね。ぱって開くやつ。

Bさん　子どもが喜びそう！

香　村　私がいま持っているセンサータイプのゴミ箱は1万5000円くらいな

左がZitA、右がコストコ。どちらもセンサー自動開閉タイプ。

んですけど、コストコで似たような縦開きのやつが4500円で売っていましたよ。

Kさん　安い！

香　村　それをずっと使っていて、処女作の『トヨタ式おうち片づけ』に載っているのはコストコの縦開きのゴミ箱です。

Kさん　そういうゴミ箱って、開いた瞬間に密閉されてたにおいが出てくる？

香　村　ホワッて出てくる（笑）。

Kさん　なんか、それが気になるな。

香　村　それはあるかも。生ゴミとかを捨てるときは、一回手をかざしてフタが開いているうちに、「せーの、バシャっ」て。でも、手間取ってると閉まっちゃうから（笑）。

Kさん　あ、待ってーみたいな（笑）。

香　村　とかはあるかも（笑）。

Bさん　あと、鍵？ 家の鍵？

香　村　外にいても、スマホから家の鍵を開けられるやつですね。**88位（P209-210）のSONYのQriolock（キュリオロック）。**あれいいですよ！

Bさん　私、この4月から仕事に復帰するんです。子どもが2歳と4歳なので、いまは預ければいいんですけど、小学生になったらどうしようかなと。**近所の方だと、鍵をかけたかどうかおばあちゃんが毎日見に行ってる人とかいます。**

香　村　自分が出勤したあと、お子さんが登校する時に家にちゃんと鍵をかけられたか、ってことですね。

Kさん　ああ、それ心配ー！

香　村　あと、自分が子どもの帰宅よりも早く帰るつもりだったのに、電車が遅延してて帰れないことを伝える術がない、ってことありませんか？

Kさん　ああ、スマホもないし。

香　村　そんなとき**、キュリオロックだと子どもが家の近くにくると「ピコン」って私の携帯に通知がくるんですよ。**そしたら鍵開けてあげて、さらにスマホに向かって**「おかえり、ごめん今、電車が遅れてて」**って言うと、カメラのスピーカーを通して家中に聞こえるんです。

Kさん　すごーい！ 小学生になったら絶対いいですね。

香　村　そうです、そうです。

Aさん　その「ピコン」に気づかなかったときでも、お子さんが鍵を持ってたら自分で開けられますか？

香　村　うん、もちろん開けられます。

Kさん　その鍵って、家の鍵とは別づけなんですか？ 家の鍵に連動する？

香　村　家の鍵にかぶせる装置です。210ページの写真でわかりますか？

Kさん　ハイテクな鍵でも対応できるんですかね？

香　村　いまある鍵に覆いかぶせるような機器です。

Kさん　じゃあ、鍵のつまみがついていればいける？

香　村　つまみがついてないと無理かも。

Aさん　鍵のタイプによってはつまみを押して回す、みたいな鍵ありますよね？

Kさん　うち、そうかも。

香　村　分かる。あれはどうだろう？ 一部取りつけられない鍵もあるみたいなので、ソニーさんに聞いてみてインスタで報告します。あと、ペットとかがいたら、家で様子を見てみたくないですか？ 86位（P204-205）のMANOMAで見られるんですよ。

Kさん　見たいです。

香　村　**介護にもいいかも。真夜中でも、薄暗くは見えるので。赤外線カメラみたいに見えてる感じなんで。**

Kさん　やっぱりスマートフォンで見てみたいっていうの、ありますよね。

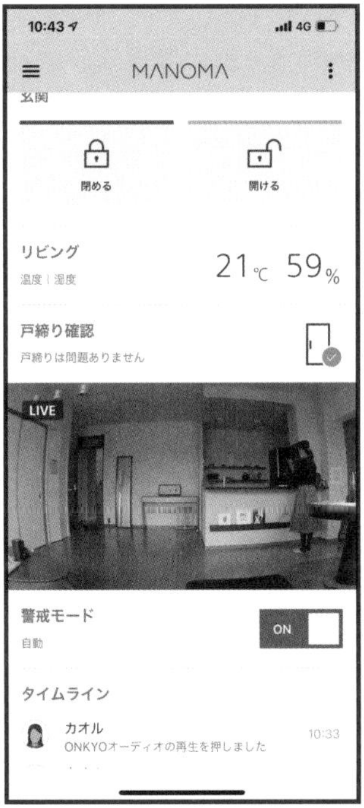

SONYの「MANOMA」。スマホからはこのように見えます。

Aさん　まだ試してないのは、トイレの「モコ泡わ」です。

香　村　ああ！ **44位（P117-118）の「モコ泡わトイレクリーナー」。**

Bさん　あっ、オキシクリーンの襟汚れを取るジェル、使ってます！

香　村　**28位（P83-84）の「オキシクリーン塗るタイプ」**ですね。いいですよね、あれ！

Bさん　めっちゃいいです！ 洗濯回す前に一回こう、洗わなきゃいけないっていうのがストレスだったんですけど。

Aさん　オキシクリーンの塗るタイプがあるんですね。

香　村　そうそう。どろっと出る感じですよね。

Aさん　私は普通の酸素系の漂白剤を食器洗剤用のこう、チューって出るやつに詰めてぴゅってかけてる（笑）。どろって出るタイプだと、量が調節しやすそうでいいですね。

Bさん　スプレータイプで襟に使えるものを使ってたんですけど、こっちのオキシクリーンの方が汚れ落ちがいいです。

Kさん　あと、あれやらなきゃなって。洗濯機の奥の汚れを取り除くやつ。

香　村　あ、**76位（P183-184）のフィルターラベリング**のやつ？

Kさん　「毎週土曜日に確認」って貼っておこう。帰ったら貼ります。

香　村　ぜひぜひ。ちなみに、ドラム式洗濯機ですか？

Kさん　ドラム式です。

香　村　乾燥まで使ってます？

Kさん　はい、たまに。

香　村　ドラム式だと、乾燥まで回すとすぐ乾燥フィルターが詰まりません？

Aさん　上のとこに。すごいですよね、あれ。

香　村　私は、洗濯機の奥の方にたまったホコリを取るライトつきのピンセットを使ってます。

Kさん　内視鏡みたい（笑）。

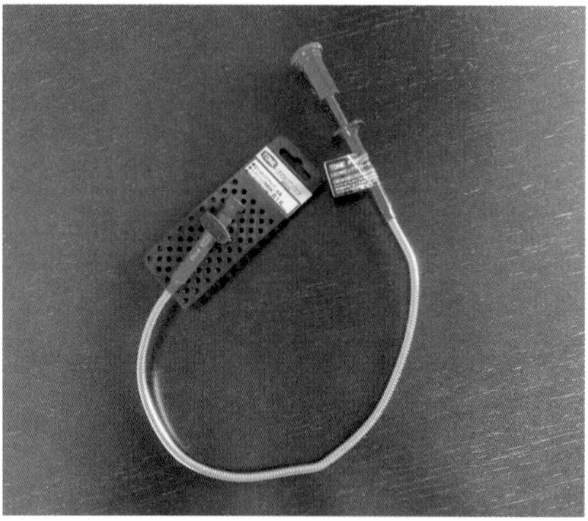

ライトつきのピンセット。「ピックアップツール」で検索してみてください。

Aさん　ちょっと楽しそう。へえー！

香　村　誰にもやらせたくない（笑）。

Kさん　**靴下を一緒のピンチに挟むやつも、めちゃくちゃいいです。**

Aさん　あ、いいよね、乾くよね。なんか重ねた部分が心配で、1こずつ干してたんですけど、まとめて干しても意外と乾く。

香　村　**14位（P53-54）**ですね。こういう、**やっている人から見たら普通に思えることも、やっていない人には新鮮に見えるみたいですね。**

香　村　**38位（P103-104）の「ティッシュペーパーを無印良品の透明の箱に入れる」**も、すぐやるって言ってくれた人がいたなあ。

Kさん　おしゃれだし、いいかも。

香　村　ティッシュがステキに見える。

Kさん　下の方まで取れますか？最後の方取れないとかではなくて？

香　村　大丈夫。どんどん沈んでいくから。最後の一枚までキレイに取れます。

Kさん　これ、やろうかな。

香　村　逆に、ランキングの中で「これはないわー」って項目、ありますか（笑）？

Kさん　**10位（P45-46）の「立って食べる」。**やっぱり座って食べたい（笑）。

香　村　即答（笑）。そうですよね、なかなか難しいですよねー。でも、みんな立って食べればいいのに（笑）。

Kさん　やだー！ 座って食べたい。

全　員　（笑）

Bさん　**1位（P27-28）の「水筒のお茶を水にする」**は、めちゃくちゃいいアイデアだと思って。でも、家族から却下されました（笑）。

Kさん　あ、そうですか？うちはやってます。

Bさん　やってるんですか？お茶がいい！ってなりません？

全　員　(笑)

香　村　お子さん、気づきます？そもそも。

Bさん　いや、やってないので分からないですけど。

香　村　お子さんなら大丈夫ですよ(笑)。うちの子二人とも、半年ぐらい気づきませんでしたから。

Kさん　へえー。

香　村　大丈夫でした。お茶をこっそり水に変えて。あれって結局、色がなかったら分かんないんだ、って(笑)。

Bさん　夜ご飯とかでコップで出すときもですか？

香　村　あ、家でも水筒なので。先々週くらいに子どもから「お茶飲みたい」って言われたときに、「うちにはもうお茶はないんだよ」って言ったら「なんで？ なんで？」って言われて(笑)。少し間があって「えっ、もしかして水なの？ あれ」って(笑)。

水に慣れれば問題ナシ。

Kさん　へえー(笑)！

Bさん　ウォーターサーバーの水ですか？

香　村　うちは、ブリタのポット型浄水器に水道水を入れて、そのまま冷蔵庫に入れています。

Bさん　じゃあ美味しいんだ…(笑)。水道水はさすがに気づかれるかな。

Kさん　**うちは子どもたちが物心ついた頃から水で育ってるから、何も言わない(笑)。**

香　村　素晴らしい!

Kさん　「なんか茶色いお茶を持ってきてる人もいるよー」って言ってたけど。

Aさん　そんなのもあるんだ、みたいな(笑)? でも、いち早くお茶作りをやめるって…。すごい勇気です。

香　村　お茶を作る作業って、すごーく時間かかりますからね。

Kさん　毎日作っている人、すごいと思います。尊敬する。

Bさん　普通にやってたら、冷ます時間ないですよね?

香　村　分かる! **結局氷入れて冷やして、なにこれ? ってくらい薄いお茶ができたりして。**

全　員　(笑)

香　村　**水にすると水筒の茶渋がつかなくて、いいですよね!** 茶渋取りが大変ですもんね。**100個の中で一番衝撃でした。**

香　村　**50位(P129-130)の「洗面所の夫のヒゲ残し問題」**、みんなあるあるですか? すごくコメントが多いんですが。

Aさん　**夫のヒゲ、散らかってます。**本人もゆとりがある時は流してくれるんですけど、流しきれなかったところや、シェーバーを戻す収納場所の周りとか。

Bさん　すごくあります。それ、ずっと「まさに名もなき家事だ」と思っていて…(笑)。香村さんがインスタライブで話題にしたあと、夫とかなり話しこみました。

全　員　(笑)

香　村　ああ、ご主人と直接対決(笑)。どうでした?

Bさん　ほら、みんなインスタで「気になる」って言ってるよ! って(笑)。うちの夫の場合、洗った「つもり」なんですよね。**朝、コンタクトつけてないの？って思うくらい。**

Kさん　コンタクトつけてー！（笑）

Bさん　**本当、トイレの汚れの輪みたいな感じに輪っかになってる。**

Aさん　そんなに？

香　村　水を張ったラインが分かるって、誰かが言ってました。

Bさん　そうなんです。一度ヒゲを流して、シェーバーを洗って水切りする時にまたヒゲが落ちる。あとで私が流そうとしてもまずとれない（笑）。

Aさん　こびりつくのかな？

Bさん　ピタっ、てはりついてます（笑）。

全　員　（笑）

Bさん　**スポンジでこするにも、今度はスポンジにつくかなとか…。**

Kさん　うんうん、まずティッシュでとかね。

Bさん　一回ティッシュでシュシュシュシュって（笑）。でも、夫にちゃんと伝えてからはなくなりました！

Kさん　すごい！香村さんのおかげですね。

Bさん　実際、ついてないんですよ、意識して流してるみたいですね。

Kさん　すごい進歩だ。

Bさん　たぶん、香村さんに言われたから。

Kさん　へえー、すごい。**そこから先の何十年の夫婦生活が、それによってぜんぜん違ったものになる（笑）。**

香　村　ヒゲ問題のインスタライブから何週間かあと、フォロワーの方から**「うちの夫が、ついに脱毛してくれることになりました」**って連絡をいただきました（笑）。

全　員　（笑）

香　村　びっくりしました。革命が起きた！みたいな（笑）。

Kさん　うちは、夜のうちにお風呂で剃っちゃうから。気づいたことがない。

香　村　うちも！お風呂でやると分からない。ちなみにうちの夫も、ヒゲ脱毛にチャレンジ中です（笑）。

香　村　あと、ランキングには載ってないけど感じているイライラやモヤモヤ、ありますか？

Kさん　ちょっと前までありました。うち、**夫が、5本指ソックスを愛用してるんですよ。**

香　村　分かります。うちもー。

Kさん　ひと組しかそこになければそれしか合わせようがないけど、**二組以上あると親指の向きを見て右と左を合わせるんですけど、それがすごく面倒で。**「ペアにせずに一個づつで放り込んどいていい？」って聞いたら、「ぜんぜんいいよ」って言われて。「あれ？ よかったんだ」って（笑）。

香　村　ああ、ペアは本人が探してくれるってことですか？

Kさん　そうそう、履くときに自分で探すからいいよって言われて。でそれを辞めて、イライラがなくなりました。

香　村　なるほど！ 確かに、右と左で違う靴下ってきついですよね。ロゴの位置とかあるタイプも。

Kさん　そうそう、面倒くさい。あと同じような話なんですけど、うち双子だからサイズが同じなんです。

香　村　そうか！双子ちゃん！

Kさん　**双子の女の子同士だからサイズとか全部一緒で、最初分けて入れていたんですけど、もうそれが面倒くさくて。だから「お母さんは一緒に全部入れるから、もしこだわりがあるなら自分で探して履きなさい」って言ったら、そういうことになって（笑）。**私はもう分けない。肌着とかパンツも全部一緒に入れちゃう。で、モヤモヤがなくなったっていう話です。

Aさん　すごい。何歳くらいからできるようになったんですか？

Kさん　最初はたぶん、気にせずに相方のを着てたんですけど、4歳になったいまは自分のものを意識して着てますね。

香　村　へえー！ おそろいの服は少し色違いにしてるんですか？

Kさん　色が少し違うだけだと、**たとえばピンクと黄色だったらピンク**

をめぐる争いが勃発するんですよ（笑）。

香　村　うんうん。

Kさん　なのでグレーと紺とか、どっちもそんなに好きじゃない色で分けてます。ケンカを減らすための工夫です。

Aさん　「絶対に決めなきゃいけない」っていう固定概念があったから、これでもいいんだ！みたいな。

全　員　（笑）

香　村　確かに（笑）。双子ちゃんあるあるですね。

Kさん　はい。あと香村さんの講演会に行ってから、服の数を減らしました。

香　村　本当ですか？

Kさん　めっちゃ楽になった！

香　村　減りました？

Kさん　減りましたね、トップスが。香村さんが４、５枚って言ってたのを聞いて。

香　村　５枚ですね。

Kさん　５枚でしたっけ？うちも４枚づつ、１人４枚にしたら、めっちゃ楽になって助かりました。

香　村　それはよかった。減らなかったら、車に置いといたらいいんじゃないかと思うんですよ。

Kさん　ああ、予備用にね。二組とか？

香　村　でもうち家族５人の服を車に置くだけでもけっこうな量で（笑）。いつもぎゅうぎゅう。でも１セットは車、１セットは玄関に置けば、泥んこで帰ってきた時にそこで着替えてから入っておいでって言えるから。そんなふうにして分散させるといいかもしれない。

Aさん　うんうん。ちょっとずれるかもしれないけど、**うちの末っ子２歳なんですけど、パジャマを辞めました。**

Kさん　あー。分かる！　え、服にしたってこと？

Aさん　はい、**服で寝るんですよ。**

Kさん　分かるー。

Aさん　でも一応、ズボンだけはぴったりしてると苦しいかなと思って、下のズボンだけは寝る用を一応買ってあるんですけど。もっぱら上に着るパジャマはもう買わずに、服で寝て、翌日またその服着て。**どうせ汚れて帰ってきて着替えるから。**自分で着替えられるようになったらパジャマを買おうと思って。

香　村　あーいいですね、**洗濯の量が減りますね。**

Kさん　うちの子双子で、１人は真面目タイプで、もう１人ちゃらんぽらんなんですけど、ちゃらんぽらんの方が「私は服で寝るからパジャマはいらない」って言い出して。一生パジャマ着なかったら私の責任だーって。

全　員　（笑）

Kさん　まあでも私も、朝楽だしと思うしそのまんまです。**朝の時短にめっちゃつながりますよね、それで１人につき10分は違う。**

Aさん　どうせ着替えますもんね、ごはん食べこぼしたりして。

香　村　うんうん、分かる。

Aさん　着替えたくないとか、そういうことを言われなくなるし。

Kさん　わー、めっちゃ分かる。

Aさん　子どもたちに「着替えた？」って聞いたら、「いいよこのままで」って。

香　村　上のお子さんはパジャマを着て寝てるんですか？

Aさん　そうですね、パジャマです（笑）。

Kさん　素晴らしい、それはどうやったらそうなったんですか？ 教育し直さないといけないのかな？

Aさん　長男のとき、すごく大変だったんですよ、服へのこだわりが強い子で。朝着替えさせようと思っても、「この服はやだ」って。幼稚園のときにすごく困って。真ん中は女の子なんでまあいいんですけど、次男が生まれたときに、最初はほとんど寝てるしいらないかもと思って、それが影響して（笑）。お風呂から出てきたら、私はいつもの服、下はちょっと苦しいから柔らかいパジャマっぽいズボンかなとか…と。

全　員　（笑）

香　村　**うちの子は、体操服で寝てます。**

Kさん　えっそれはそのまんま？ 登園衣じゃなくて？

香　村　家で体操服に着替えて寝てる（笑）。

Kさん　えー！ わざわざ（笑）

香　村　そうなんです。**体操服って丈夫にできてるじゃないですか。ワンサイズに二着も着倒せなくて。だからパジャマにして劣化させよう！って。**

Kさん　ああ、子どもはすぐ大きくなりますしね。

香　村　うん。どんどんサイズアウトしていっちゃうから。どうせならガンガン着ちゃって、みたいな。

Kさん　**なるほど、あえて劣化させる。**

香　村　一日中それ（笑）。

Aさん　朝体操がある日は、そのまま出て行けばいい。

全　員　（笑）

Kさん　時短？

香　村　それ、時短ですわ。

Kさん　シワ寄らないし、いいですよね、体操服。寝ても別に。

香　村　そうそう！シワにならない。もはやパジャマとの違いはないですよ。

Kさん　うん、ないない。

香　村　いっそのこと、**体操着３つぐらい買えばいいんですよ（笑）。**

Kさん　もうそういうものとして、育ててしまえば。

Aさん　そしたら朝、そのへんに脱ぎ捨てられたパジャマを片づける家事もなくなりますよね。

Kさん　ほんとほんと。

Aさん　いいこと聞いたかもしれない（笑）。なるほど。

香　村　やっぱり朝はみんな忙しいから、考えますよね。ちなみに、朝ごはんはどうしてますか？

Aさん　朝ごはん。一応作ってますけど。

Kさん　偉いなあ。

Aさん　でもすごいのは作ってなくて、メニューはいつも決まってます。うちは小学生が一番先に家を出るから、小学生のご飯作って、で、後から遅くてもいい人たちのごはんを作る。

Kさん　優先順位！え、じゃあ朝はずっと料理してるんですか？

香　村　大変！

Aさん　そんなすごいもの作ってませんよ、コーンフレークに牛乳足して。

Kさん　あー、安心した！（笑）

Aさん　前の日の残りとかをはい、みたいな。

香　村　そうなんですね。うちも朝をもうちょっと変えたいなと思っていて。

Kさん　**わが家は、そぼろおにぎりを大量に作って冷凍してるんですよ。そぼろでとりあえずタンパク質も取れるし、ご飯も食べれるし、それをラップごとチンして。**

香　村　それいい。へえー！

Kさん　以上終わり！みたいな（笑）。

香　村　毎朝ずっとそれですか？

Kさん　ほぼ毎朝です。**あとはヨーグルトにする？ バナナにする？ みたいな。**

香　村　すごい。ラクでいい！

Kさん　**ダンナはセルフサービスで。**私は私の準備が忙しいから。

香　村　そうそう。へえー！まあでも子どもの朝ごはんってそれだよね。

Kさん　そう、そういうもんと思ってるから。よその豪華な朝ごはん見たらショック受けるかもしれない（笑）。

香　村　しゃけとか出てきたらビビる。

Kさん　びっくりするかもしれない。何これ？ って（笑）。うちの子偏食で、新しいものとか受け入れにくい性格なんですよ。

Aさん　わかります。

Kさん　ね、めんどくさいですよね。で、**新しいもの出して朝から嫌だとか言われるよりは、お互い利害関係が一致してるそぼろおにぎりって決めてます。ズボラ飯（笑）。**

Aさん　取り入れます、それ。めちゃいい。

Kさん　あ、本当に？（笑）

香　村　そぼろは自分で作ってるんですか？

Kさん　自分で作ってます。夫が作ったりもするけど。**月に一回ぐらい挽肉何パックも買って、大量に作って。それに、野菜とかきのこも刻んで入れるんですよ。**

香　村　なるほどー！

Kさん　**それを食べとけば、もう安心！みたいな。**野菜も肉もっていう。

香　村　いいかもいいかも！

Kさん　かわいそうな子どもたちですけど（笑）。

香　村　いやいや。ぜんぜんそんなことないですよ！

Aさん　**その朝で生まれる時短は、やっぱり捨てがたいですもんね。**

Kさん　**ラップだから洗い物もないし。**

香　村　本当だ。洗い物がない！すごくないですか？それ。

Kさん　**ヨーグルトも洗い物ないし、バナナもない（笑）。**

香　村　めちゃくちゃいいですねー。

座談会以降、我が家も朝の「そぼろおにぎり方式」を採用しています！

Kさん　インスタに載ってる素晴らしい朝ごはんとか見ては、ああ私って…って思う日々です（笑）。

香　村　へえー！めっちゃいいかも！やってみまーす。

Kさん　そんなに褒められるなんて思わなかった。

香　村　やっぱり、**「これだけはこうしなきゃいけないんじゃないか」**っていうのが、知らないうちに固定観念として出ちゃってて。それがなんか、思い切り壊される感じがするから。

Aさん　家事って、きちんと習っていないことを自分流でやってるじゃないですか。親がやっていたのをなんとなく見てたとか。**「こういうものだ」と思い込んできたものに対してインスタで皆さんの情報に触れると、新たな発見があります。**

Aさん　勉強になります。そんなこと聞いたことない！みたいな。

Kさん　まさかの。目からウロコ。

Aさん　そういうこと多いですよね、本当に。

香　村　**丁寧な暮らしを追いかけると、キリがないですしね。**

Kさん　うんうん。

Bさん　**17位（P59–60）の「オムツを気づかなかった方が替える」っていうのは、画期的だなと思いました。**

香　村　おお！よかったー。

Bさん　**私の中で、名もなき家事は「気づいた人が負け」っていうのがあって。**私の母もよく言うんですけど、「気になった方が負けなんだよ」って。どれだけ大ざっぱに、気にせずに見て見ぬふりをできるか。そっちの人の方が幸せだな、って。

香　村　たしかに。

Bさん　で、やっぱり、**夫の行動とか気になっちゃうから。えっいまそこ通ったよね？ゴミ落ちてますけど？みたいな。でもゴミに気づいたのは私だから…。**

香　村　まさに、気づいた人負け（笑）。

Bさん　子どもがもっと小さいときに、ちゃんと夫に伝えておけばよかった。

Aさん　**やるなら最初、生まれたときからやらないとね。**途中から「いまからそういうルールね」と言われてもね。やり始めるタイミングも大事だな、と思いました。

香　村　確かにね。

Aさん　香村さん、よく言ってますよね。**最初のしくみ作りが大事、って。**

香　村　結婚、同棲、出産、復職…タイミング、いくつかありますよね。**復職、いままさにじゃないですか？**

Kさん　本当だ。

香　村　もうそこで**ルールある程度決めといて。そこからゆるくしていく分にはいいですもんね。**まあそこはやらなくてもいいわー、とか言ってあげるのは向こうとしてはウェルカムですよ。

Kさん　うんうん。

Aさん　**主婦の仕事だろと言うなら、主婦の仕事の改善して何が悪いんだ！っていう。**

全　員　（笑）

香　村　**ルール改善。イノベーション。**

Aさん　「ムダを省いて業務改善するよ」って。

香　村　無理と無駄を省いて何が悪い？ってことですね（笑）。

Aさん　じゃあBさん、いまからもうやっておかないと。

Bさん　そう。で、香村さんがテレビに出ていたのを見て「これだ！」と思って。

香　村　なるほどー。

Bさん　復職に向けて勉強じゃないですけど、仕事のこと思い出さなきゃなって思ってたんですけど、**家事も仕事だ、と思うようになったんです。家事の改善を先にしておこうって。**

Kさん　そうだそうだー。

香　村　素晴らしい！

Bさん　“家事シェア”って見たときに、私、まさに1人で抱えてます！って思ったので、香村さんの講演にも、夫と一緒に行ったんです。

香　村　そのあとご主人、変わりました？

Bさん　「ああ、俺もやらなきゃな」みたいな気持ちが。

全　員　うんうん。

Bさん　そのあとモノ減らすのをすごく頑張ってましたね。

Kさん　すごい影響力。

Bさん　自分のエリアは自分でやらなきゃって、靴捨てたりとかしてました。服もだいぶ減りました。

Kさん　え、いいなー（笑）。私もダンナと行けばよかったー！

香　村　そうですねー。ご主人が講座に一緒に行ってくれる方って、そんなに多くはないと思います。

Kさん　たしかに。

香　村　これやった人、いませんか？ 93位（P219-220）の**「毎週金曜日はインスタントの日」。**防災の備蓄を何度か消費していかないと賞味期限が切れちゃうので、我が家では味見がてら、毎週金曜日は「備蓄の日」にしてるんですよ。お母さん一週間お疲れさま、ってね。今日はこの中からどうぞ、と。**それでだんだん家族の好きなカレーのテイストが分かってきました。しかも、手抜き感がない。**備蓄の味見の日だから（笑）。

Kさん　確かに。**大義名分を引っさげて（笑）。**

香　村　ちゃんと味見してね、的な。でも、家族が喜ぶんですよね。ラーメンでもいいし。カレーのレトルトでもいいし。自分で作ってもらいます。**お母さんが災害の時家にいるとは限らないですからね。**

全　員　うんうん。

Aさん　野菜炒めを作れば？ って言っても作らないけど、インスタントラーメンなら一年生でもなんとか作れそう。

Kさん　備蓄食品の賞味期限、切れがちですもんね。

Bさん　**週末に買い物してもだいたい金曜日まで食材持たないし、いいですよね。**

Aさん　ああー。分かる分かる。

Bさん　**週の真ん中くらいで一回挽肉買い足すかな、みたいな感じ。**

香　村　もう、そぼろご飯いくしかないんじゃないですか？

Kさん　**そぼろご飯、ぜひ（笑）。**それを食べさせれば安心。

Aさん　そういえば、**双子ちゃんの入学式の名前書き、悲惨ですね…。**

Kさん　あ！香村さんが書いていた、**12位（P49-50）の「（子どもの小学校入学時の持ち物の）名前書きはパーティのノリでやる」**。あれ、めっちゃいいと思ってさっそくやったんですよ。**うち、最近転園したからちょうど名前書きの機会があって。で、ダンナが嫌がらないようにビールとか用意してあげて。**

香　村　分かる分かる（笑）。そう！うちも同じ！

Kさん　大事ですよね（笑）。めっちゃよかった。

香　村　**手伝ってくれますよね。**

Kさん　手伝ってくれます。うん。

香　村　**書類は写メっておいたほうがいいんですよ、裏ワザ的に。**

Kさん　えっ？どういうことですか？

香　村　上の子のときの書類を写メっておくと、下の子のときに楽なんです。続柄の欄に母って書くのか、長男って書くのか…。

Kさん　分かります。どっち？みたいな。

香　村　ああいうのは、上の子のときの書類があればあとはひたすら書き写すだけだから、お父さんに「これこのまま書いて」って渡せますよね。あと、家から学校までの地図書かされません？あれも「この絵を見ながら写して！」と。でも…さすがに双子ちゃんはきついと思う。

Kさん　ダンナと一緒にどっちが地図上手か、みたいな。とにかく巻き込むようにしています。

香　村　いい、いい。なんかご夫婦の関係も良さそうだし。

Kさん　うん、割となんでもやってくれます。

Aさん　下手したら、うちなんて**「入学の準備、全部できたか？」**ですよ。

Kさん　**「はい？あなたの子どもですけど？」**みたいな（笑）。

Aさん　そうなりますよね。

香　村　**うちはドーナツとか、夜中にはあり得ない高カロリーのもの用意しました。**ふだんはダメだけど今日だけだよ、と。とにかく楽しさが大事。それでも、2人で夜の１時くらいまでかかったな。

Bさん　頑張ります（笑）。

書類の中には、ほぼ同じ内容を毎年新たに書いて提出するものも。

Kさん　あと、**55位（P139-140）に近いんですけど、うちはテレビ自体をなくしたらとてもいい感じです。**

香　村　えっテレビなくしたんですか？前からない？

Kさん　**もとはと言えば、夫が単身赴任に行くタイミングでテレビを持って行きたいって言い出して。**私テレビそんな見ないし、子どもたちまだ2、3歳だったし。テレビ好きにもしたくないし。いらないから持っていっていいよって言って。それ以来ない。

香　村　家にないんですか？

Kさん　持ち運べるやつならあります。お風呂にも持っていける小さいやつ。けど、特に誰も見ません。

香　村　それはすごい！

Kさん　私はそんなに興味ないし、子どもたちもそういうものだと思ってるし。先々は分からないですけどね、絶対持たない！みたいなこだわりもないから。

Aさん　うんうん。いや、なかなかいないですよ、そんな人。

香　村　テレビをリビングから撤去できない、って人いません？

Bさん　はい！うちは夫がテレビっ子なので。

香　村　ね。ダンナさんがテレビっ子の方、多いと思う。

Aさん　見るっていう人は、なくせないよね。

Kさん　その持ち運べるやつで別にいつでもどこでも観ていいよーって言ってるけど、夫も単身赴任から戻ってきてもそんなに観なくなった。めっちゃいい。テレビの埃をとる　家事もないし。テレビ台も要らないし。

香　村　**テレビがないと家族の会話が増えますよね、明らかに。**

Kさん　増えてるのかな？そうですね、しゃべるしかないですもんね（笑）。

香　村　音楽とかかけるんですか、いつも？

Kさん　うん、音楽はかけますね。

香　村　えー、すごい。私のまわりでテレビなしの人、初めて聞いた。

Kさん　え、でも**なくしてしまえばそれはそれで、テレビを置いて管理してる方がすごいなっていう感覚になりますよ。**

Aさん　持ち運べるの、いいですね。

香　村　見たいときにリビングに持ってきて。いまだったらタブレットとかパソコンで見てもいいもんね。うちプロジェクターがあるから、プロジェクターでけっこう見ます。

Kさん　かっこいいなー。

香　村　あらためて皆さんがご家庭でやっている「名もなき家事」を振り返ってみて、いかがですか？

Aさん　**家事をシェアしたいと思っても、やっぱり自分がやることが染みついちゃってる感があって。**この前息子がシーチキンの缶を開けて、ご飯にかけて食べてたんですけど。この缶どうすればいい？って聞かれたとき、つい**「あ、やるから置いといて」**って言っちゃったんですよ。あ、しまった！と思って。

全　員　（笑）

Aさん　私はきちんと、ゴミをね、分別して誰でも分かるようにこう、アルミ缶とかやってあるのに、**なんで「洗って金属ゴミのところに入れ**

なさい」と言わなかったんだろうと思って。最大のチャンスを逃した！と後悔していたところです。

香　村　なんで言っちゃったんでしょうね？

Aさん　やっぱり、染みついてるんでしょうね。

Bさん　けっこう言っちゃいそう。

Aさん　自分がやらなきゃいけない。いつもやってることだから。息子にはできないって思ったわけじゃないから、けど**自分で名もなき家事をやることが染みついてしまってる。**

Kさん　自分の方がね。あと、**口で説明するよりもやった方が早いから。**めんどくさい。

Aさん　子どものそばにいれば、「この箱に洗って入れてね」って言えたのに…。

Bさん　「あとでやっとくねー」って。

Aさん　どうするって親切に聞いてくれたのに、ああしまった、っていう。

Bさん　やる気があったってことだもんね。

Aさん　そう、子どもも置きっぱなしはいけないって思ったから聞いてきたんですよね。でも、自分がやるってことが自分自身に染みついてしまっていたんだなあ…と痛感しました。

Kさん　無意識のうちに。

Aさん　**意識を変えたいと思います（笑）。**

香　村　自分がラクするため、ですもんね。

Kさん　でも、同じような感じですかね？「ダンナの５本指靴下を合わせないといけない」という思い込みも。

全　員　うんうん。

Kさん　なんか、思い込みみたいな染みついたもの？

香　村　ちゃんとやらないといけないとかね、思ってたりしますよね。

Kさん　でも**家族は意外とそこまで求めてなかったりするし。**

香　村　うん。あるのかもしれない。…話はまだまだつきませんが、今日はこれにて終了です！

全　員　ありがとうございましたー！

おまけ

名もなき家事総選挙・第48位(125ページ)
「雨の日、背中をずぶ濡れにしてチャイルドシートに子どもを乗せる」
の解決策
「柔らかいキーホルダーの中に磁石を入れ傘に装着。車の屋根につける」
で使うキーホルダーの作り方

＊用意するもの＊

・柔らかいキーホルダー
(可能であれば雨に濡れても大丈夫な素材)
・強力マグネット
(両方とも100円ショップで売っています)

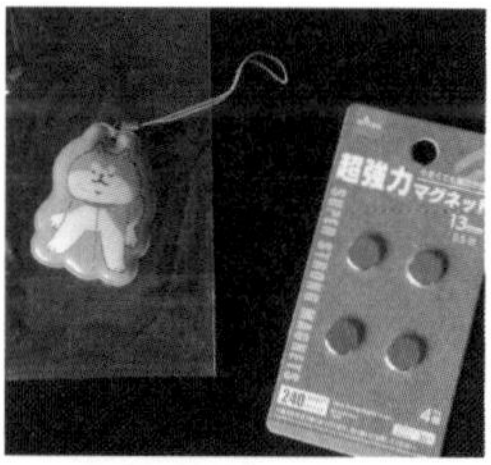

＊作り方＊

❶ キーホルダーをはさみでカットして、
中に強力マグネットを入れる。
❷ 中まで押し込んだら、セロテープで留めて完成！

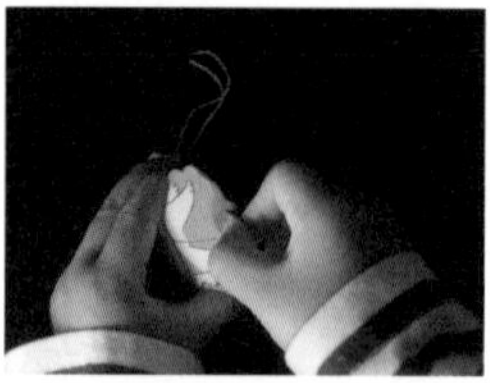

＊使い方＊

❶ 傘の骨組みの先に取りつける。
❷ 車の天井めがけて傘を回すと、磁石の力で
「ピタッ」とつきます。手を離しても大丈夫！
(くっつき度合いを見てマグネットの量を調整してください)

ちなみに、家の外で干す時には
「近くのスチール部分にくっつけて固定する」
という使い方もできます。

本書に登場したお役立ちグッズ一覧

①正式名称
②メーカー名
③定価（基本的に2020年4月時点のもの）
④ひとことうんちく

①ポット型浄水器
②BRITA（ブリタ）
③3494円＋税
④カートリッジは一日3.5L使用で約2か月もちます（Amazon、楽天市場、LOHACOから購入可能。私はコストコにて購入しました）。

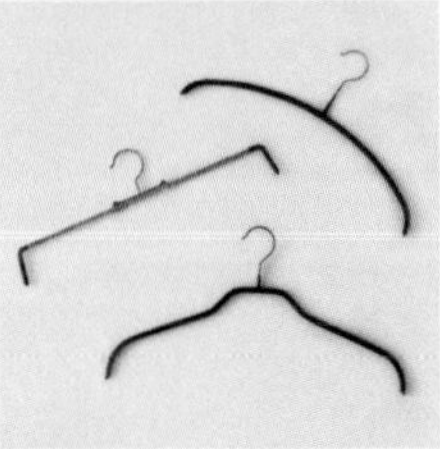

①マワハンガー
②マワ社（Mawa GmbH）
③333円〜＋税
④スカートをたくさんお持ちの方へのオススメは写真真ん中の「スカートミニ」。かさばらず、取り外ししやすいのが特徴です。

①iwakiパック＆レンジ
②iwaki
③800円〜＋税
④毎日のお手入れは食洗機まかせ。たまにオキシ漬けしてピカピカを取り戻しています。

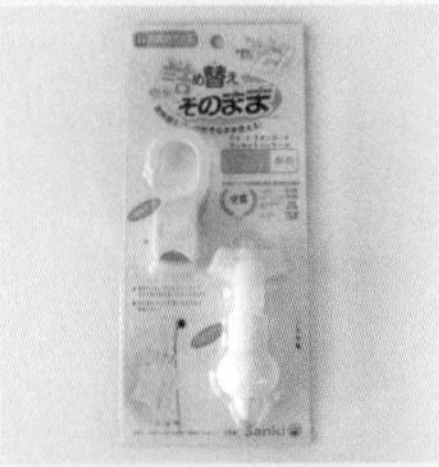

①詰め替えそのまま
②三輝
③1680円＋税
④業務用の大きな詰め替え用でも問題なく使えます。別売りですが、詰め替えボトルのカラフルさを隠すための専用カバーも売っています。

①クックフォーミーEXPRESS／ヘルシオホットクック
②T-fal／SHARP（ともに電気圧力調理鍋）
③3万3000円＋税／4万364円＋税
④圧力が高いので、ヘルシオに比べ時短が可能。蒸気が高く上がるので、上部にモノがないよう、スペースの確保を!／定圧力なので、カレーなどじっくりコトコト系が得意です。コンパクトタイプも発売されています。

①エアーかおる ダディボーイ フェイスタオル
②浅野撚糸
③1200円＋税
④夫はバスタオルを縦半分にした大きさの「エニータイムシリーズ」を使用しています。

①オキシクリーン マックスフォース ジェルスティック
②グラフィコ（日本正規代理店）
③700円＋税
④「オキシクリーン」のラインナップすべてを試した中で、最も手が汚れることなくスルッと汚れが落ちました!

①EDIST CLOSET
②EDIST
③7600円～＋税
④利用も3年目を迎えました。4着「もらえる」キャンペーンが年に2回もついてくるのでオススメです。

①麻平織 割烹着 ドロップショルダー
②無印良品
③3627円＋税
④洗えば洗うほどトロトロの肌触りに。七分袖なので年中使え、着たまま保育園のお迎えに行っても違和感のない出来です。

①茂木和哉（もてぎかずや）
②茂木和哉
③税抜き1886円（200ml）
④内容量の割に高額に感じますが、一度に使う量が非常に少なくてすむので、コストパフォーマンスが高いと感じています。

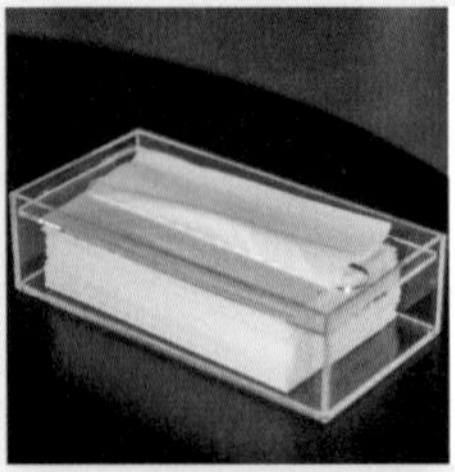

①アクリルティシューボックス（現在は廃番）
②無印良品
③731円＋税
④現在は「重なるアクリルボックス中・ティシュー用フタ」としてリニューアルされ、ボックスとフタが別売りに。高さが増し、より多くのティッシュが入れられるようになりました。

①リードプチ圧力調理バッグ
②ライオン
③291円＋税（スーパーでは250円程度で売られていることが多いです）
④300回以上使っていますが、魚料理がオススメ！ 中でもオンラインサイトメニューのアクアパッツァは絶品です！

①洗浄力 モコ泡わトイレクリーナー
②エステー
③373円＋税
④手を汚すことなくトイレの便器掃除ができます。来客前にひと吹きしておくと、トイレの芳香剤代わりにもなって便利。

①BLANC 水に流せるポケットティッシュ
②セリア
③100円＋税
④我が家のドラム式洗濯機にわざとこのティッシュを入れて実験。洗濯フィルターにも残りませんでした。ズボラさんのいるご家庭にはぜひ！

①amazonアレクサ Echo Dot（エコードット）第3世代
②amazon
③5436円＋税
④驚いたのがスピーカーの性能の良さ！「アレクサ、朝の曲かけて～」なんて無茶ぶりをしても、ぴったりな曲をシャッフル再生してくれます。

①収納ケースNインボックス／インボックス共通キャスター4個セット
②ニトリ／ニトリ
③648円＋税／277円＋税
④色・サイズが豊富で安い。軽くて水に強く積み上げも可能。私がお片づけサポートで一番オススメしている収納グッズです。／特別な工具要いらずで、差し込むだけの簡単装着。

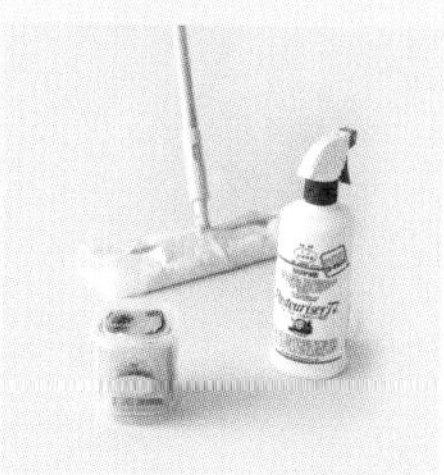

①ルック おふろの防カビくん煙剤／クイックルワイパー立体吸着ドライ／パストリーゼ77
②ライオン／花王／ドーバー酒造
③401円＋税／505円＋税／962円＋税
④奇数月の1日に燻煙剤を！とルール化。コストコでまとめて購入しています。／いろいろ使いましたが、汚れの吸着度合いは最強。フローリングの掃除にも使っています。／アルコール分77%なので、食材への直接噴射が可能。水ふき跡が残りそうなガラスや窓掃除にも活躍します。

①パッチンお風呂ネット
②ダイソー
③100円＋税
④オンラインショップで399円で買ってから、まったく同じものをダイソーで見つけました。

①オキシクリーン
②コストコ
③1944円＋税（2019年12月時点）
④アメリカ製・中国製の2種類ありますが、実際に比べたところ使用感に大きな差はありませんでした。たくさん使うなら、やっぱりコストコ一択ですね。

①ソーダストリーム
②ソーダストリーム
③1万9000円＋税（アウトレットモデルなら9000円くらい）
④飲む量が多い場合は「ソーダストリーム」の方がコストダウンできるため、「ツイスパソーダ」から乗り換えました。

①LILLPITE（リルピーテ）
②IKEA
③908円＋税
④電池式で人感センサー機能つき。置いてもひっかけても使えます。持ち運びもラクでキャンプでも大活躍してくれます。

①MANOMA（マノマ）
②SONY
③月額2480円＋税、月額3980円＋税の2プラン
④月額費用の中に機器提供も含まれています。提供機種7種類つきの「上位プラン」がオススメです。

①キュリオロック
②SONY
③2万3000円＋税
④単品購入もいいですが、上記SonyのMANOMAの「上位プラン」を契約すると無料で提供してもらえます。

①ルンバi7
②アイロボットジャパン
③9万9880円＋税
④スマホでのON・OFF操作はもちろん、部屋のどこを掃除したか? を間取り図でチェックできます。

①ZitA（ジータ）
②さくらドーム
③1万4118円＋税
④このゴミ箱は他の自動開閉ゴミ箱と比べフタが軽く、ゴミ袋のつけ替えがラクなので嬉しいです。

THANKS LIST

（インスタグラムアカウント名・敬称略）

ママの声・座談会・インスタライブで解決策を提案してくださった方々です。
このほかにも意見や投票をくださった方々に、心より御礼申し上げます！

cocoti
mori_macky
kokoleka1016
tome_ito
karinkaryon
cleanup_angels
kaaan.chi
utakatahoney
ayaco46_21
ern.home
yururi.life
tomokokitahala
yukko_star
kaochi5623
bambi15o
anmitsu_interior_music
o0.yucco.0o
kanatair923
kmst_it
o2aky0n
azu0238
yo_idu
liuyang7624
mi.n.a.na
yuko_yutsuki
acco1863
usyagisyan
kumicon83
uk_502
nonno.noeri
smile_adu
ayusupi62
olive_pan7
meeemiii829
miyurinasmile
mazumakiko
perry_tm_handmade
marina_kagami
anzenharuka
kotaniyuko83
makiko.ranran
napototonoeru
a3i6
kintarou8
matu.ura.k
tomomi_102030
sada_yama
hmsmamy
yumi.f.0712
asuka.kondo_smile
winwin19910111
haveagooodone_j
rikasmile0704
macha.coco
maka.n1211
motoki_kaori
yappuun
kaorinrin259

著者紹介

香村 薫（こうむら・かおる）

家事研究家・ライフオーガナイザー
株式会社ミニマライフ代表取締役
愛知県岡崎市在住。大学卒業後、トヨタグループのアイシン・エイ・ダブリュ株式会社にて、おもに女性とクルマをテーマにしたカーナビ商品企画を担当。2014年、片づけサポート業務のミニマライフ.comを創業。3人子持ちの主婦業と両立させ、2020年に法人化。「やりすぎミニマリスト」経験を生かした「ほどよいミニマリスト」の目線と、生粋のリケジョならではのロジカルシンキングによる「共感と解決を両立させる」自宅開催の片づけ・家事講座には全国から受講者が集まり、出張片づけサービスは半年待ち。
NHKやESSEなどテレビ・雑誌出演多数。All About2019MVP受賞、暮らしニスタ大賞2019ランキング第1位。現在は同じくミニマリストの夫、長男、次男、長女との5人暮らし。著書『トヨタ式おうち片づけ』『トヨタ式超ラク家事』（ともに実務教育出版）『トヨタ式家事シェア』（主婦の友社）が好評発売中。

3人子持ちで起業した理系の主婦が
名もなき家事をサクッと解決します！

2020年6月10日　初版第１刷発行

著　者　香村　薫
発行者　小山　隆之
発行所　株式会社実務教育出版
163-8671　東京都新宿区新宿1-1-12
https://www.jitsumu.co.jp
電話　03-3355-1812（編集）　03-3355-1951（販売）
振替　00160-0-78270

編集　小谷俊介
ブックデザイン　藤塚尚子（e to kumi）
マンガ・イラスト　いしいまき
DTP　株式会社マイセンス
企画協力　松尾昭仁（ネクストサービス株式会社）

印刷所／壮光舎印刷　製本所／東京美術紙工

©Kaoru Koumura 2020 Printed in Japan
ISBN978-4-7889-2500-7　C2077
乱丁・落丁は本社にてお取替えいたします。
本書の無断転載・無断複製（コピー）を禁じます。

「名もなき家事」は、大和ハウス工業株式会社の登録商標です。